펜화로 읽는 사찰 2

펜화로 읽는 사찰 ②

글 · 그림 펜화가 度泫 김유식

아는만큼 보이는 사찰 펜화기행

불교시대사
1% 나눔의 기쁨

추 천 사

　　전국 각지의 사찰을 탐방, 문화재의 역사를 고찰하고 부처님의 세계를 그림으로
표현하는 김유식 작가는 조계종 불교 달력 공모전 수상과 그로 인하여 제작된 달력
을 통해 이미 펜화 실력을 검증받은 바 있습니다. 불교신문 전 편집국장, 여태동 기
자의 추천을 받아 "펜화로 찾아가는 사찰기행" 연재를 한다는 말을 들었고, 부처님
법으로 인연이 되어 본인이 남양주 수락산 흥국사 주지로 재임 시절 흥국사를 그린
작품을 기증받게 되었는데, 여 기자가 이 책자를 출판하도록 백방으로 노력했다니
다시 한번 감사의 말을 전합니다.

작가가 사찰 펜화를 그리면서 불교에 대한 공부가 부족하여 열심히 공부하고 있다고 해서 용맹정진하라는 의미로 불명을 도현(度泫)으로 지어 주고 대한불교 조계종 산하 25교구를 전부 탐방해 보라고 조언하였는데 한참을 지나 살펴보니 작품마다 불심이 넘쳐나는 것을 보고 흐뭇했습니다. 멀리 해남의 미황사, 남원의 실상사, 지리산 천은사, 하동 칠불사 등 먼 거리를 마다 않고 취재를 하는 작가의 노력에 깊은 감명을 받았습니다.

그동안 불심으로 한 획 한 획 그으면서 역사속의 작품으로 승화한 펜화와 기행문을 엮어 책으로 출판한다 하니 예술작품을 통한 불교 홍보이기도 하고 또 하나의 큰 불사라고 생각합니다. 그동안 작가의 노력을 치하하며 "펜화로 읽는 사찰"이 그동안 볼 수 없었던 새로운 책으로 세상에 선 보이게 된 것을 다시 한번 축하합니다. 이 책이 불자뿐 아니라 비불자 독자들에게도 불교문화와 역사, 멋진 펜화를 접하는 계기가 되었으면 하는 바람입니다.

불기 2567년 10월

대한불교 조계종 어산종장 화암 합장

'펜화로 읽는 사찰2'를 준비하면서…….

    필자의 소망은 불교에 대해서 쉽게 다가설 수 있는 책을 만드는 것이었다. 그림책이야 말로 좋은 방법이라는 생각에서 시작한 일이 이렇게 현실이 되었다. 1권에서는 말사 위주의 사찰기행과 펜화작품을 소개한 바 있다. 그리고 삼보사찰 기행을 같이 실었다. 2권에서는 본사 위주의 큰 사찰을 중심으로 심도 있는 취재를 진행했다. 사찰펜화는 상당히 매력적이다. 오랜 시간 불심을 담아 도를 닦는 심정으로 몰입하여 작업해야 하는 고된 과정의 연속이기에 더욱 그렇다. 작품 한 점에

대략 십만 번의 획이 그어지는 과정이 수반되기에 작품 하나하나에 애정이 안가는 작품이 없을 정도인데 2권으로 더 많은 사찰펜화 작품들을 소개할 수 있어 큰 기쁨이 아닐 수 없다. 사찰을 대상으로 그렸던 수채나 수묵 작품도 사찰을 이해하는데 도움이 될까하여 몇 점 같이 실었다.

펜화로 읽는 사찰 2권 출간을 결정하면서 전문적으로 글을 쓰는 사람이 아닌 화가가 글을 쓰는 일이 정말 어렵다는 것을 다시 한번 뼈저리게 느꼈다. 그렇다 보니 내용의 정확도나 문장의 흐름이 여간 신경 쓰일 수밖에 없었기에 2권 집필에는 그동안 했던 어느 일 보다도 심혈을 기울였다.

화가의 관점에서 바라본 사찰의 모습을 그림을 그리고 글로 풀어내는 일이 생각보다 녹녹치 않았다. 하지만 기행을 하면서 불교 관련 지식도 점차 늘어나고 사찰의 역사와 유래에 대한 공부가 자연스럽게 되었다. 2권의 출판을 진행하면서 추가로 취재할 사찰과 그릴 펜화작품이 늘어났기에 또 다른 목표가 생겼다. 그런 목표는 바로 삶의 원동력이요 살아가는 이유이고 행복이다.

끝으로 책의 출판에 힘써주신 불교시대사 이규만 대표님, 불교신문사 여태동 기자님, 그리고 남정한 대표님, 박지안 작가님께 지면을 빌려 다시 한번 심심한 감사의 말을 전한다.

2023년 가을

度泫 김유식 합장

차례

1부 대한불교 조계종 본사기행

2부 또 다시 말사 기행

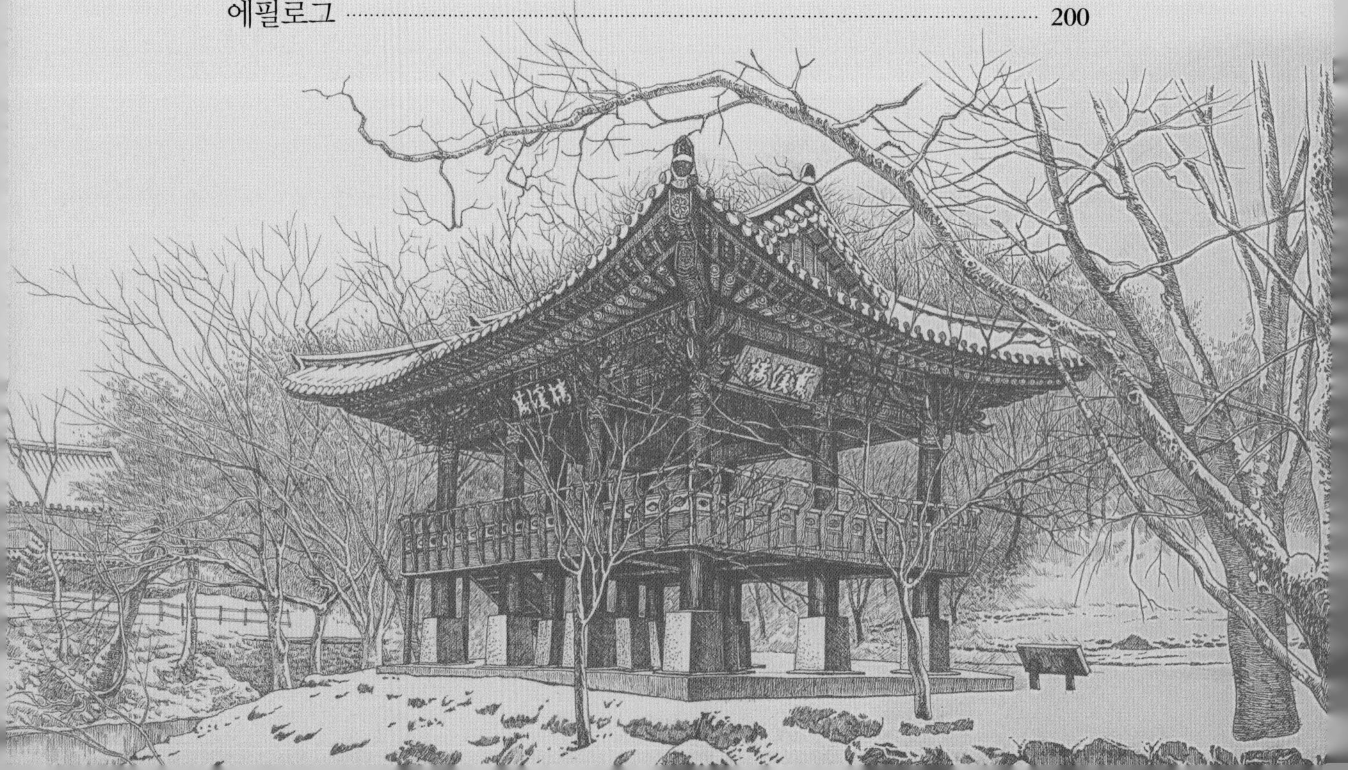

1부

대한불교 조계종
본사기행

서울 종로 조계사

大韓佛教總本山曹溪寺

佛紀二五六二年 慶法 金喻通

▲ 조계사 전경, pen drawing on paper, 74×56cm 8각 10층 석탑, 대웅전 앞의 회화나무와 뒤편의 도심 건물까지 담았다.

본사 사찰 기행을 시작하면서 최우선으로 서울의 조계사를 취재하였다. 대한 불교 조계종 직할교구의 본사이자 조계종 총본산이기 때문이다. 조계사는 봉은 사와 함께 서울 시내 대표적인 사찰로 거대한 대웅전과 회화나무와 백송의 멋이 어우러진 전법 도량이다. 경복궁에서 인사동, 창경궁으로 이어지는 전통 문화 벨 트의 중심에 자리한 조계사에는 전통을 이어가는 불자들과 일상에 바쁜 도시인 들의 발길이 끊이지 않는다.

찾기도 쉬워서 종각역 1호선, 안국역 3호선, 광화문역 5호선이 교차하는 길가 에 '대한불교 총본산 조계사' 현판이 걸린 거대한 일주문이 보인다. 일주문 기둥 옆에 예술가의 솜씨로 스테인리스 강판을 조각해 사천왕상을 만들어 세워 놓아 사천왕문을 겸한다. 참으로 정교한 솜씨다. 봄에는 초파일을 전후로 연등으로 장엄되어 서울의 야경 명소로 손꼽히며 여름에는 연꽃 축제를 열어 찾는 이의 마 음을 정화시키고 가을에는 국화로 국화 향 가득한 사찰로 연출된다. 외국인들은 물론 도시인들에게 언제나 친근하게 다가서는 도량으로 항상 편안하게 드나들 수 있는 특징이 있다.

조계사는 비교적 창건 역사가 짧아 100년이지만 예전부터 이 자리를 지킨 것으 로 보이는 대웅전 앞 키 큰 회화나무는 400살이고 희귀한 백송은 500살로 천연기 념물이다. 회화나무는 나쁜 기운을 몰아내는 나무라 하는데 거대하다보니 영험한 기운마저 느끼게 하는데 대웅전 바로 앞에 우뚝 서 있다. 언제 가도 수많은 불자들 로 가득 찬 대웅전에서는 오늘도 하루의 시작과 끝을 알리는 새벽예불과 아침예불,

저녁예불이 장엄한 울림을 전한다.

현 조계사는 불교의 종단 기능을 위해 세워졌고 도심포교를 위해 시내에 지어진 절이다. 조선말 순종 때 한국불교에는 구심점이 될 종단이 없음을 개탄한 만해 한용운 등 민족적 불교 인사들이 새 종단을 구성하고자 노력하면서부터 시작된다. 이에 흥인지문 밖 지금의 창신초등학교 자리에 원흥사를 창건하고, 각 도의 사찰 대표가 모여 종무원을 설치하면서 종단 설립이 구체화되었다. 1910년 전국 승려들의 의연금으로 종로경찰서 뒤편에 창건한 '각황사'가 조계사의 시작으로 도심포교의 중심지가 되었다.

마침 증산교의 분파인 정읍의 '보천교'의 법당 '십일전'이 교주 차경석이 세상을 떠나면서 와해되고 법당이 경매에 부쳐지자 이를 사들여 1937년 3월 현재의 견지동 조계사 자리로 옮기는 공사를 착공하였다. 1938년 10월 '대웅전'을 준공한 뒤 '각황사'가 이전하였는데 태고 보우국사의 이름을 따서 삼각산에 있던 태고사를 이전하는 형식을 취하여 절 이름을 '태고사'라고 하고 조계종의 중심 사찰이 되었다. 훗날 다시 '조계사'로 고쳐 부르게 되었으며, 현재까지 대한불교 조계종의 행정 중심 교구 본사 사찰이 되고 있다.

사찰 규모는 크지 않더라도 대한민국 불교 최대 종단의 본사답게 경복궁 근정전에 맞먹는다는 9개의 기둥을 지닌 7칸 크기에 거대한 대웅전이 찾는 이를 맞이한다. 대웅전은 단층 석조기단 위에 지은 겹처마 팔작지붕 건물로 규모가 상당히 크다. 게다가 공포는 외부 5출목, 내부 7출목으로 짠 다포식으로 화려함을 더한다. 기둥 하단에 석주를 끼워 넣어 비가 들이쳐 썩는 현상을 막았는데 결과적으로 보천교

의 십일전보다 건물이 더 높아지며 웅장한 모습으로 지어졌다. 조선후기의 건축양식의 특징이 잘 드러난 건축물로 크고 화려한 것이 특징이다. 이에 반해 정교한 꽃문살은 예술적인 가치가 높은데 문살에 매화, 대나무 등 사군자를 조각한 솜씨가 예사롭지 않다. 게다가 법당 내 우물천장 안에는 학무늬, 봉황무늬, 희자무늬를 그려 넣었으며 옆에는 불화를, 뒷면에는 산수화와 화조화를 그려 넣어 화려함이 돋보인다.

법당 안에는 석가여래불, 아미타불, 약사불 등 삼존불을 모셨고 크기도 상당하여 위엄이 있고 압도하는 느낌이다. 새로 지은 절다 보니 영암 도갑사에서 옮겨온 목조 석가모니불 좌상이 봉안돼 있다. 현판은 선조의 여덟째 아들 의창군 '이광'이 화엄사 현판에 쓴 해서체 글씨를 그대로 복사하여 만든 것이다. 글씨가 참 웅혼한 기상이 넘친다.

조계사에는 얼핏 보면 월정사 9층탑을 닮은 특별한 8각 10층탑이 있어 눈길을 끈다. 대웅전의 정중앙에 위치한 이 사리탑에는 종전에 있던 7층 사리탑에 보관하던 스리랑카 달마바라 스님이 기증해 모시던 진신사리를 옮겨 봉안하기 위해 2009년에 완공한 탑이다. 이 탑 건립을 주관한 분은 지관 스님인데 '8정도와 십선법을 상징하여 설계하신 것으로 종래의 탑이 모두 홀수가 아니다'는 사료적 근거에 의거한 것이라고 설명하신 바 있다.

경내가 비좁은 편이라 각 전각마다 기능이 복합돼 있는 게 발견된다. 대웅전 우측의 전각은 1층이 극락전 2층이 설법전이다. 작품 속에 보이는 극락전 옆 종각은

▶ 관세음보살상, pen drawing on hanji, 65×35cm 옻칠한지에 펜과 칼라잉크로 작업하였다.

1973년 육바라밀을 상징하여 6각으로 개축하였고 2층에는 범종을 보관하고 있고 1층은 공양간이다. 종각 옆에 있는 건물들은 대부분 현대식이다. 안심당 그리고 옆의 현대식 4층 건물은 '도심포교 100주년 기념관'인데, 본래 1955년의 불교계 정화운동을 기념하기 위해 건립한 건물로 현재 3-4층은 템플스테이관이다. 이 건물 2층에 '33관세음보살'을 상징하는 99존 관세음보살상을 모신 관음전이 있다. 법당안의 금빛 찬란한 관세음보살 좌상의 미소는 자비로움이 그득하고 다른 작품에 비하여 최고의 아름다움을 보여준다. 사실 저녁에 푸른빛으로 조명된 건물 벽면의 백의관음 형상도를 보고 관음전이 있다는 걸 알았다. 대웅전 앞마당에서 신도들이 관음전으로 바로 이동할 수 있도록 구름다리가 있다. 그 옆에 4층 건물은 불교대학(교육문화센터)으로 지어졌다. 이렇듯 비좁은 터를 감안해 현대식 건물로 지어 여러 기능을 수행하는 것으로 보인다.

대웅전 뒤뜰의 불교회관 총무원은 조계종의 행정을 맡아보는 중앙기관들이 자리하고 있다. 지상 4층의 현대식 콘크리트 건물로 사무실, 국제회의장과 불교역사문화박물관 및 공연장으로 사용하고 있다. 불교회관 앞 주차장 쪽에 예전 우정총국 건물도 경내에 있어 개화기의 흔적이 살아 있는 곳이다. 경내를 한 바퀴 둘러보니 놓여진 석물들이 다양하다. 사자상, 팔정도상, 석등, 아기부처, 지관 스님이 직접 비문을 적은 조계사 사적비, 그리고 왜색이 짙다하여 사리탑의 지위를 잃은 기존의 4각 7층탑도 보인다.

조계사는 다른 산사와는 달리 저녁 늦게 가도 좋고 어느 때나 출입이 허용되는 자유로운 도심 사찰이다. 인근 직장인들도 점심때는 자주 찾는다. 그래서 인사동

김유식의 펜화로 읽는 사찰 2

방문이 잦은 필자가 수시로 찾는 곳으로 언제 와도 부처님의 온화한 미소가 있는 곳이다.

◀ 만해 스님 진영.

2편

구례 지리산 화엄사

金剛 未擂 智異山 華嚴寺 覺皇殿 (國寶 제67호) 二〇二〇年 庚辰 金侖植

▲ 화엄사 각황전 pen drawing on 한지 60×45cm, 콩기름 염색한지에 펜으로 그린 작품으로 각황전을 중심으로 서5층 석탑, 석등 및 사사자 석등 그리고 우측에는 대웅보전이 보이는 풍경으로 각황전의 우측에는 매화나무가 보인다.

산수유 피는 계절에 섬진강을 따라 구례로 드라이브 가다가 화엄사 안내표지를 보고 무작정 사찰 취재를 나섰다. 구례에 위치한 대한불교 조계종 19교구 본사 화엄사는 통일신라시대 화엄 10찰의 위상을 지닌 호남 제일의 명찰로, 산수유와 매화가 피는 계절에 참배객이 줄을 잇는 곳이다.

고속도로에서 화엄사 IC 안내판이 있으니 쉽게 갈 수 있어 좋다. 마침 구례 산수유 축제를 보고 가던 날에도 지리산 산세가 높아 구름이 부딪힌 후 먹구름이 몰려 비가 올 것 같은 변화무쌍한 날씨를 겪었다.

화엄사는 신라 진흥왕 544년에 연기 조사가 세운 절로 유구한 역사를 지닌 대가람이다. 유달리 국보와 보물 등 많은 문화재들을 보유하고 있는 호남제일의 명찰로 절의 이름은 화엄경의 화엄을 딴 것이다. '지리산 화엄사'라는 현판을 단 일주문을 지나면 좌우에 금강역사 및 문수. 보현의 동자상을 안치한 금강문을 지나야 한다. 그 바로 뒤에는 제3문인 천왕문이 있는데, 전면 3칸의 맞배집으로 목각 사천왕상을 안치하였다. 사찰의 일반적인 축선 배치형식을 따르는 절이다.

천왕문에서 한참 떨어진 거리에 정면 7칸의 보제루가 종루와 나란히 배치되어 있고 이곳을 지나야 비로소 화엄사의 멋진 건물들을 보게 된다. 절 마당에는 동서 5층 석탑으로 불리는 쌍탑의 정면에 있는 대웅전은 보제루와 축을 이루며 남향이다. 반면 각황전은 대웅전과 직각 방향으로 서쪽에 자리하고 있다. 배치 구성에서 특이한 점은 동·서 5층 석탑이 대웅전과 각황전의 중심축 어디에도 속하지 않고 비켜서 있다는 것이다. 대웅전 앞의 계단 아래 동서 양탑 중 동탑은 서탑에 비하여 아무런 조각과 장식이 없고, 단층기단으로 되어 있다. 서탑은 해체 보수 시 진신사리와 더불어 많은 유물이 출토되었다고 하는데 신라시대에 조성된 필사본 다라니경과 불상을 찍어내는 청동 불상주조 틀 등이 있었다고 한다.

탑의 이러한 배치는 화엄사에는 2개의 주불전이 존재하기 때문에 어느 하나가 주불전으로 인식되는 것을 피하기 위해 의도적으로 계획한 것으로 보인다는 주장이 맞는 말인 듯하다. 게다가 각황전에 오르는 계단보다 대웅전에 오르는 계단을 넓게 구성한 것도 건물의 크기가 큰 각황전이 먼저 인식되기 때문에 상대적으로 대웅전을 향해 시각과 동선을 유도하기 위한 고려가 있었던 것으로 판단된다.

화엄사 각황전은 현존하는 중층불전 중에서 가장 큰 규모이다. 정면 7칸, 측면 5칸의 2층 팔작지붕으로 건물이 웅장하면서도 안정된 균형감과 엄격한 조화미를 보여주며 건축기법도 뛰어난 건축물이다. 내부 공간은 층의 구분 없이 통 층으로 구성하여 웅장한 느낌을 준다. 대형 공간에는 최대한 빛을 끌어들이기 위해 아래층에는 사방에 많은 창호를 설치하였으며 위층은 벽체 대신에 채광창을 두었다. 바닥에는 본래 전돌을 깔았으나 예불의 편의를 위해 마루를 설치하였다 한다. 각황전 내부에는 3여래불상과 4보살상이 봉안되어 있다. 벽면의 후불탱화도 조선 후기의 불교 미술을 대표하는 수작으로 평가되고 있다. 벽암에 이어 계파 대사에 의해 완공 후 숙종은 자신이 직접 쓴 '각황보전'이라는 편액을 내렸다하니 대사찰의 중건에 조선시대에도 각별한 관심이 있었음이 확인된다. 갈 때마다 느끼는 것이지만 각황전

의 웅장함과 수려함에 넋을 잃는다. 마당에서 바라본 각황전을 펜으로 담았다. 각황전이라는 편액은 숙종이 내린 것으로 깨달은 황제가 산다는 의미라 한다.

각황전의 전해오는 이야기로 어느 날 사찰의 대중들이 모여 누구의 경지가 높은지 시험하기로 하였다고 한다. 손에 밀가루가 묻지 않는 사람이 큰 깨달음을 얻은

▲ 사사자 삼층 석탑 pen drawing on paper, 28×38cm 네 마리의 사자가 탑을 받치고 있는 모습인데 가운데에 합장한 대덕이 모셔져 있으며, 이 탑의 1층에는 각 사방면마다 사천왕상이 문을 지키고 있으며, 기단석에는 12명의 천인상이 조각되어 있는 등 섬세한 조각 솜씨가 돋보이는 국보이다.

사람이라고 했다. 대중 스님들이 차례로 밀가루에 손을 넣었지만 모두 밀가루를 묻히고 말았다. 마지막으로 공양주 스님의 차례가 되었다. 손을 넣고 빼는 순간 대중들은 놀라며 공양주 스님에게 삼배로 공양주를 깨달은 성인으로 받들었다고 하는 이야기가 전해진다. 그만큼 공양주의 소임이 무겁고 정성을 다 해야 하는 일임을 말해주는 듯.

각황전 앞의 넓은 마당 중앙에는 통일신라시대에 제작된 것으로 우리나라 '석등' 중에서 가장 규모가 크고 웅건한 조각미를 간직한 석등이 눈에 띈다. 8각의 하대석이 병 모양의 간석을 받치고 있고, 중간에 띠를 둘러 꽃무늬를 연이어 새긴 작품이다. 돌로 만든 석등 높이가 6미터가 넘는 큰 작품을 구상한 석공의 야심찬 구상이 눈에 선하다.

또한, 각황전 서남쪽의 방향에 사사자 삼층 석탑이 있는데 다보탑과 더불어 최고의 걸작으로 인정받는다 한다. 탑은 네 마리의 사자와, 그 중앙에 합장을 한 채 탑을 받치고 서 있는 대덕이 있는 독특한 형식이다. 이는 비구니셨던 연기 조사의 어머니의 모습이라고 전하며, 석탑 바로 앞 석등의 아래쪽에도 꿇어앉은 한 승상이 조각되어 있는데, 이는 불탑을 머리에 이고 서 있는 어머니에게 효성이 지극한 연기 조사가 석등을 머리에 이고 차 공양을 올리는 모습이라고 한다. 취재를 하는 것이 아니었다면 그냥 지나칠 수 있었는데 자세히 보니 기단의 사면마다 천인상(天人像, 하늘의 악사)의 조각 솜씨가 정교하고 대단하다는 걸 발견했다. 또한 석탑 1층면에 사천왕상이 조각되어 있는데 문을 지키는 모습으로 문의 모양과 문고리를 조각해 익살스럽다는 생각을 해본다.

▲ 화엄사 각황전 뒤편의 홍매화, 먹과 물감 그리고 장지 56×38cm, 장지에 먹으로 그린 화엄사 홍매, '화엄매'라고 불리는 유명한 매화나무인데 수령 450년, 나무높이 9m로 천연기념물로 지정되었다. 꽃과 열매가 다른 재래종 매화보다 작지만 꽃향기는 그보다 더 강한 것이 특징이라고 한다. 이른 봄이면 사진작가들이 몰려 아름다운 모습을 담으려 노력하는 곳이다.

대웅전은 각황전과 함께 화엄사의 주 불전으로 인조 재위 시절 벽암 대사에 의해 중건되었다. 내부 중앙에는 비로자나불을 주불로 모시고 좌우에 노사나불과 석가모니불을 협시불로 모셨다. 대웅전은 각황전처럼 통일신라시대의 가구식 기단 위에 세워져 있지만 초석은 각황전과 달리 자연석을 사용하였으며 그 위에 민흘림이 있는 원기둥을 세웠다. 대웅전은 화엄사에서 가장 오래된 건물로서 외관이 장중하고 내부의 장엄도 우수하다. 대웅전의 서쪽에는 나한전, 원통전, 영전이 대웅전과 일렬로 배치되어 남향하고 있고 동쪽에는 명부전이 서향하고 있다. 이 밖에도 영산전은 대웅전 맞은편에 위치한다. 노전으로 사용되는 삼전 및 요사인 원융료, 범융료가 있고, 청풍당, 만월전 등이 있다.

화엄사의 자랑은 천연기념물로 '화엄매'라고 불리는 유명한 매화나무인데 수령 450년이나 되고 높이도 9m에 이르는데 이른 봄이면 사진가들이 몰려 북새통을 이룬다. 나무 옆의 작은 연못은 옛날에 우물 용도로 사용했었다고 한다. 화엄매는 원래 네 그루였다가 세 그루는 고사하여 한 그루만 남았다고 한다.

전쟁 중에는 국군에 의해 산사들이 대부분 소실되었는데 적의 진지가 될 것을 우려한 것은 이해되나 안타까운 일이었다. 천년고찰 지리산 화엄사를 지켜낸 경찰 차일혁 총경의 이야기도 흥미롭다. '절을 태우는 데는 한나절이면 족하지만, 절을 세우는 데는 천 년 이상의 세월로도 부족하다'는 말로 유명한 경찰이다. "빨치산의 은신처가 될 수 있는 사찰을 모두 불태우라"는 상부의 명령을 받은 차 총경은 화엄사의 문짝 몇 개만 태우는 기지를 발휘해 절집을 지켰다. 화엄사뿐 아니라 천은사, 쌍계사 등 지리산 일대의 절집도 지켜내신 뜻있는 분 덕분에 지금 이렇게 훌륭한 문화재를 볼 수 있음에 감사하며 다시 하동의 화개장터로 향했다.

3편

공주 태화산 마곡사

公州泰華山麻谷寺梵鐘樓 二○二二年度法金命攝
不空羂索毘盧遮那佛大灌頂光眞言

▲ 마곡사 범종루 pen drawing on paper, 74×56cm 남원지역에서 명부전에서 북원으로 가는 극락교를 건너편 천변에 화려한 종각이 눈길을 끈다.

　공주의 태화산 자락 멋드러진 곳에 자리한 대한불교 조계종 제6교구 본사 마곡사는 유네스코 문화유산답게 잘 보존된 전통 사찰이다. 백범 김구의 항일 의지가 서려 있던 피신처로서 지금은 백범 명상길이 유명해져 많은 사람이 찾는 곳이기도 하다.

　마곡사는 봄이면 산수유, 벚꽃들이 만개할 즈음에는 꽃이 아름다움의 극치를 보여줄 뿐 아니라 여름엔 소나무가 우거진 숲속 계곡의 물소리가 시원하여 정말 자주 가는 곳이다. 여름에 인근 유구마을 수국축제가 있다하여 마곡사로 향했다.

　마곡사를 가려면 경부고속도로나 서해안고속도로에서 당진 영덕 고속도로를 갈아타고 마곡사 ic로 나와 쉽게 접근할 수 있다. 산사에 오르기도 전에 입구에서부터 힐링이 되는 점은 선암사 입구에서 주는 그 느낌과 다르지 않다. 초입에는 계곡이 있어 휴가차 몰리는 사람들을 위한 수많은 민박집과 맛집들이 쉬었다 가라고 하염없이 유혹을 한다. 입구 주차장에서부터 조금 긴 듯한 길을 걸어서 구비 구비 물소리 바람소리 들으며 계곡의 구불구불한 길을 따라 길게 뻗은 나무들의 녹음 속을 새소리 즐기며 걷는 것도 정말 좋다. 올 때마다 느끼는 것이지만 이렇게 좋은 곳은 없다는 생각이다.

　세계문화유산 한국의 산지승원 중 하나인 공주 마곡사는 보은 법주사, 양산 통도사, 영주 부석사, 안동 봉정사, 순천 선암사, 해남 대흥사 등 총 7곳 사찰로 구성된 유산에 속한다. 이 사찰은 삼국시대 7세기에 신라 고승 자장 율사가 창건한 천년

▲ 마곡사 대광보전과 5층 석탑 pen drawing on 한지, 53×41cm 마곡사는 화려한 2층 전각의 대웅보전이 있음에도 대광보전이 본 법당이다. 앞의 독특한 5층 석탑이 아름답다.

고찰 중의 하나다. 오늘날까지 신앙, 수행, 생활의 복합적 종교 공간이 온전하게 유지되어 왔다는 점에서 그 가치가 큰 곳 중의 하나다.

마곡사는 계류 마곡천을 사이에 두고 남원과 북원으로 이루어진 독특한 구조를 지니고 있다. 북원은 주 불전인 대광보전과 바로 뒤에 2층 전각형식의 대웅보전을 중심으로 이루어져 있다. 대광보전은 비로자나불을 모신 조선 후기 건물로 현판은

단원의 스승 표암 강세황의 글씨이다. 내부를 들여다보니 백의수월 관음도와 칠성도 탱화가 눈길을 사로잡았다. 대광보전보다 높은 곳에 지어진 대웅보전은 흔치 않은 중층 건물로 당초에는 '대장전'으로 지어져 불경을 보관하는 곳이었으나 석가모니불과 약사불과 아미타불 등 삼존불을 모셔 법당으로 바뀌었다. 대웅보전의 현판은 고려의 최우, 탄연, 유신과 더불어 신품 4현으로 꼽히던 신라 김생의 글씨이다. 유명한 명필의 솜씨를 두루 볼 수 있는 재미가 있다. 두 전각의 고저 차로 인해 전체적인 건물 배치가 웅장함을 더한다. 마당에 14세기에 건립된 고려시대 건축된 것으로 보이는 8미터 높이의 티베트 식 상륜부를 갖춘 독특한 오층 석탑이 자리하고 있는데 다보탑 또는 금탑이라고도 한다. 역사성과 희귀성을 들어 보물로 지정되었으나 국보 추진이 되는 모양이다.

남원은 일주문, 해탈문에서 시작해 작은 마당에 중심 전각 영산전을 주 불전으로 하는 선 수행 공간으로 구성되어 있고 극락교를 건너기 전까지를 말한다. 마곡사에서 놓치지 않고 보아야 할 곳은 영산전인데 배흘림기둥의 주심포 건물로 고색창연한 멋을 유지하고 있기 때문이다. 영산전은 이 절에서 가장 오래된 전각으로 세조가 이 절에 들러서 영산전 현판을 친필로 남기기도 하고 자신이 타고 온 가마를 두고 갔다고 한다. 영산전 앞쪽에는 홍성루가 있는데 누각을 중심으로 담장을 둘러 남원지역을 감싸고 있는 독특함이 눈에 띈다. 영산천 옆에 있는 매화당, 연향각도 담장으로 둘러 외부의 접근이 되지 않도록 배치되었다. 극락왕생을 발원하는 명부전도 독립된 공간에 세워져 있는데 가을에 단풍나무 뒤로 우아한 전각이 고고한 멋을 더한다.

公州 麻谷寺 大雄寶殿 觀世音菩薩像 二○二一年 度法金俞鎮

不空羂索毘盧遮那佛 大灌頂光眞言

ॐ अमोघ वैरोचन महामुद्रा मणि पद्म ज्वाल प्रवर्तय हूं॥
oṃ amogha vairocana mahāmudrā maṇi padma jvāla pravarttaya hūṃ

▶ 관세음보살상과 대웅보전 pen drawing on paper, 54x38cm 대광보전 왼편에 위치한 관음보살상으로 지금은 베트남 산 옥으로 만든 새로운 관음보살상이 봉안되었으나 작품은 이전의 모습을 담은 기록화이다.

이 사찰은 임진왜란 당시에 승병의 집결지로 역할을 하다가 사찰에 막대한 피해를 입은 후, 18세기에나 원 모습을 회복하여 현재의 가람 구조를 갖추게 되었다고 하는데 당시 지어진 대광보전이 지금까지 보존되어 화려한 불교 건축미를 보여준다. 최근에 대광보전 좌측에 관음보살입상을 베트남 산 옥으로 조성하여 봉안하였다. 그림은 이전에는 봉안되어 있던 관음상을 그린 것이다.

마곡사는 구한말 독립운동가 백범 김구 선생과도 깊은 인연이 있다. 김구 선생은 명성황후 시해에 가담했던 일본인 장교를 제거하고 잡혔다가 탈옥하여 은거하던 중 원종(圓宗)이라는 법명으로 잠시 출가 수도하였는데 이때 마곡사에서 2㎞ 떨어진 태화산 중턱의 '백련암'에 몸담았던 것으로 알려져 있다.

마곡천을 건너 만나는 '솔바람길'은 백범 명상 코스로 유명하며 백련암으로 가는 긴 산책코스로 이 길을 걷기 위해 찾는 이들도 많다. 마곡사 대광보전과 응진전 사이에 김구 선생이 광복 후 1946년 마곡사에 들러 심었다고 하는 향나무가 남아 있는데 '백범당' 앞에 아직도 꿋꿋하게 자라고 있다.

마곡사의 북원 지역 천변에 있는 범종루는 범종과 목어 그리고 법고 등의 법구가 있는 곳이다. 극락교에서 잠시 서서 바라본 범종루의 모습은 구도가 수려하여 필자의 눈길을 사로잡았기에 펜화로 담았다.

마곡사를 여름에 찾는다면 인근 마을 유구 색동수국공원이 조성되어 있으니 향기에 듬뿍 취해보시길 권한다.

▲ 마곡사 마곡천 풍경 수채화, 56x38cm 필자가 마곡사 초가을의 백범 명상길의 마곡천 풍경을 수채로 작업한 작품이다

4편

하동 삼신산 쌍계사

▲ 쌍계사 팔영루와 9층 석탑 pen drawing on paper 56×38cm, 팔영루는 진감 선사가 '범패'라는 불교 음악(우리 국악의 시초이기도 함)을 작곡한 데서 비롯되었다고 한다. 오대산 월정사의 탑을 그대로 재현한 팔각 9층 석탑은 개인의 시주로 만든 것으로 고산 스님이 스리랑카에서 모셔온 진신사리를 봉안했다 한다.

화사한 봄에 섬진강변을 따라 드라이브를 나섰다가 하동의 화개장터와 최참판 댁을 둘러보고 십리 벚꽃 길에 위치한 대한불교 조계종 제13교구 본사 천년고찰 쌍계사를 찾았다. 섬진강과 화개장터에서 이 절까지 이어진 길에 피어있는 벚나무들은 수령도 오래되어 매우 크고 아름다워서 항상 벚꽃이 피는 봄철에 가곤했다. 쌍계사 계곡 아래에 위치한 차나무 시배지도 둘러 볼만한 곳이다.

통일신라 흥덕왕 때 당나라에 사신으로 갔던 김대렴이 신라로 돌아오면서 가져온 차나무의 종자를 왕의 명으로 지리산 줄기인 이곳에 처음 심었으며, 그 뒤 진감 선사가 차를 번식시켰다고 전한다. 쌍계사는 진감 선사와 초의 선사의 다맥을 잇는다는 의미에서 매년 법회를 열고 있다. 과연 진감 선사의 손길이 느껴지는 최고의 명승지다. 차를 판매하는 곳도 군데군데 보인다. 펼쳐진 차밭 사이로 구름처럼 하얗게 핀 벚꽃길를 구경하려는 사람들이 많은데, 쌍계사를 지나 양쪽 산기슭에는 야생의 차나무 밭이 12km나 펼쳐져 있어 장관을 이룬다.

쌍계사의 초입의 일주문에는 창건 설화를 계승하여 현판도 '삼신산 쌍계사'라고 걸려 있다. 절 밖에서 이 일주문으로 이어지는 길은 평탄하고 그 길은 일주문 너머에까지도 축선을 따라 반듯하게 연결이 된다. 또 일주문 앞에 서면 문 사이로 뒤에 있는 금강문이 보이도록 되어 있다. 하지만 일주문 앞에 개천이 가로질러 지나가고 있어 다리를 건너가게 되어 있다. 여기서 불가의 세상과 속세와 영역을 나누는 것으로서 절묘하게 구분해 놓은 듯 개울을 건너게 되어 있다.

금강문을 통해 그 너머에 있는 천왕문이 보이도록 되어 있지만 여기도 금강문 너머로 보여 지는 것은 천왕문까지이다. 천왕문 뒤에 있는 건물은 높은 단 때문에 잘 보이지 않기 때문이다. 금강문은 수문신장의 역할을 하는 금강역사가 들어서 있는 곳이다. 사찰문의 좌우에 서서 사악한 것이 경내에 들어오지 못하도록 경계를 서는 것이다.

금강문과 동일 축선 상에 천왕문이 보이지만 길 중간에 놓인 개천으로써 의식으로 하나의 단계를 거치는 것처럼 느껴진다. 천왕문을 통과하면 건너편에 있는 팔영루 누각이 보인다. 천왕문은 동, 서, 남, 북에서 불법을 수호하고 인간의 선악을 관찰하는 사천왕(지국천왕, 광목천왕, 증장천왕, 다문천왕)이 들어서 있는 곳이다. 악한 자들이 통과할 수 없도록 저지하는 것이다. 사천왕이 무서워 절에 들어가는 것을 꺼리는 사람들이 있다. 아마도 전생에 악업이 많은 사람들 일게다.

건너편에는 높은 단 위에 가로로 막아선 누각 팔영루는 다른 사찰에서 보제루의 역할을 하는 건물로 법당으로 들어가기 위해 계단을 오르는 구조이다. 팔영루는 진감 선사가 섬진강에서 뛰노는 물고기를 보고 8음률로 '범패(梵唄) 또는 어산(魚山)'이라는 불교 음악(우리 국악의 시초이기도 함)을 작곡한 데서 비롯되었다고 한다. 진감 선사가 신라 흥덕왕때 쌍계사에 팔영루를 세웠고, 왜란으로 불에 타 소실되었고 조선 인조 때에 벽암 화상이 쌍계사를 다시 지을 때 대웅전과 함께 팔영루를 고쳐지은 건물로 정면 5칸에 맞배지붕이다. 부처나 보살을 모시지 않은 곳이어서 처마를 받치는 기둥머리 장식이 없지만, 처마는 2단인 겹처마로 만들었고 단청도 화려하다. 팔영루는 우리 민족에게 맞는 음악을 만들어 내고 또 범패의 명인을 교육했던 뜻 깊은 곳이다.

누각 앞에 있는 넓은 뜰은 금당과 대웅전으로 가는 길이 갈라지는 분기점이기도 하다. 쌍계사에는 대웅전을 중심으로 하는 직선 축 외에 왼쪽에 자리 잡은 금당과 팔상전을 중심으로 하는 건물 군으로 나뉜다.

河東 智異山 雙磎寺 眞鑑禪師塔碑

佛紀二五三七年 夏至 金 兪 植

◀ 쌍계사 진감 선사 혜소 공덕비 pen drawing on paper 28×38cm, 국보로 지정된 '진감선사대공탑비'는 비문의 문장과 글은 최치원이 왕명을 받아 작성했으며, 흑대리석에 글자는 해서체로 2423자가 새겨져 있는데 대웅전 앞의 중심 축선에 있어 선사의 위상을 말해주는 듯하다.

분기점의 중심에 오대산 월정사의 탑을 그대로 재현한 팔각 9층 석탑이 자리한다. 이 탑은 개인의 시주로 만든 것으로 고산 스님이 스리랑카에서 모셔온 진신사리를 봉안했다 한다. 탑과 팔영루가 보이는 위치에서 펜화로 담았다.

쌍계사는 의상의 제자인 대비, 삼법이 창건하였다고 전해진다. 당나라에서 유학중이던 삼법은 귀국 전 중국 선종의 6대조 혜능의 정상(頂相,머리)을 모시고 삼신산의 곡설리 갈화처에 봉안하라는 계시를 받고 귀국 후 이곳저곳을 다녀보았지만 그런 땅은 찾지 못했고 지리산까지 당도하였다. 그때 호랑이가 나타나 길을 안내했고 지금의 쌍계사 금당자리에 도착하였다. 그리고 그곳이 꿈에서 계시한 자리임을 깨닫고 혜능의 정상을 평장한 후 '옥천사'라는 절을 지은 것이 유래가 되었다고 설화로 전한다. 이후 840년 당나라에서 선종의 법맥을 잇고 귀국한 진감 선사 혜소가 퇴락한 옥천사를 오늘날의 대가람으로 중창하여 선을 가르치고 범패를 보급하였다. 선사는 높은 도덕과 법력으로 당시 왕들의 우러름을 받다가 77세의 나이로 쌍계사에서 입적하였다. 입적 후 35년이 지나 헌강왕은 문전에 흐르는 쌍계라는 시냇물에 연유하여 쌍계라는 호를 내려주고 최치원으로 하여금 '쌍계석문'의 4자를 쓰게 하여 바위에 새겼다 한다.

또한 혜소의 가르침을 잊지 않기 위해 '진감'이라는 시호와 탑비를 세우도록 하였는데 이것이 바로 국보로 지정된 '진감선사대공탑비'이다. 비문의 문장과 글은 최치원이 왕명을 받아 작성했으며, 글자는 해서체로 2423자가 새겨져 있다. 본 진감선사탑비는 신라의 대문장가였던 최치원이 글을 쓴 4개의 비문중 하나로, 초반부에는 유교, 불교, 도교의 삼교가 궁극적으로 추구하는 바가 다르지 않음을 적었고, 중반

부에 진감 선사의 생애와 업적을 적었으며, 후반부에는 쌍계사의 명칭 유래, 범패의 전래와 유포, 탑비의 건립 과정 등이 기록되어 있다.

오래된 이 탑비의 귀부와 이수는 화강암으로, 비신은 흑대리석으로 제작되었다. 비석의 전체 높이는 3.6m나 된다. 귀부는 거북 모양으로 만든 비석의 받침돌로 비신과 이수를 지탱하는 역할을 한다. 그런데 거북의 얼굴은 용의 형상으로 묘사되었고 비좌의 각 면에는 구름 문양을 장식하였다. 이수의 윗부분에는 소원을 들어준다는 구슬인 보주를 올렸다. 정말 탄탄한 조형미가 보이는 걸작이다.

공덕비를 지나면 계단 높은 곳에 대웅전 앞마당이 나온다. 마당에는 석등이 자리하며 축선 상의 마지막 높은 계단 위에 대웅전이 자리한다. 전형적인 산지 가람의 형식이다. 대웅전은 왜란 이후 다시 지은 목조건물이 보물로 지정되었으며 정면 5칸, 측면 4칸의 단층 팔작지붕으로 전체적으로 중앙에 비해 좌우 퇴간의 너비가 좁고, 기둥 사이의 넓이에 비해 기둥이 높은 편이어서 수려한 불교 건축의 맛을 보여준다.

대웅전과는 다른 축에 위치한 팔상전은 청학루를 거쳐서 갈수 있다. 본래 영산전이라고도 하는데 법화경을 설법한 영축산의 준말로 팔상탱화가 봉안되어 있다. 팔상전을 참배하는 행위는 사바세계의 불국토인 영산회상에 참배하는 것으로 조선시대 법화경의 전파에 힘입어 건립된 것으로 여겨진다. 팔상전 뒤쪽에는 금당이 위치한다. 금당은 '육조정상탑전'으로도 불리는데 혜능을 모신 전각 안에 인근의 탑을 그 자리에 옮겨 놓은 특이한 전각으로 탑은 7층이며 '육조정상탑'으로 불린다. 정면 3칸의 다포계 팔작지붕의 조선시대 건축으로 현판은 추사의 글씨이다.

이외에도 경내에는 암석의 한 면을 파내고 그 안에 돋을새김으로 만든 고려시대 작품으로 약사여래불로 추정되는 마애여래좌상이 있다. 그래서인지 감실에 봉안한 느낌이 드는데 토속적인 부처님의 형상이다. 통도사에 있는 금강계단이 이곳에도 있는데 2007년에 조성한 것이라 한다. 석종형 부도 내에 고산 스님이 모셔온 진신사리가 안치되어 있다. 금강계단 뒤편에는 마애삼존불상이 같은 시기에 조성되어 있다. 그리고 말사인 칠불사에 있는 아자방이 터로만 남아 있다고 한다.

　　쌍계사는 지역 자체가 명승으로 지정되었다. 쌍계사와 주변 일대는 본래 아름답기로 유명하여 예로부터 명승지로 이름을 날려 왔기 때문이다. 여기까지 왔다면 약 1.2km떨어져 있는 불일폭포가 흐르는 곳에 보조국사 지눌의 입적으로 시호가 내려진 불일암을 들러보자. 기행을 마치고 내려오기 전에 다시 한번 비문의 내용을 음미해 본다

　　"도는 사람과 멀리 있지 않고, 사람은 나라에 따라 다르지 않다.

　　(道不遠人, 人無異國)"

5편

의성 등운산 고운사

極樂堂前滿月容　玉毫金色照虛空
若人一念稱名號　頃刻圓成无量功

慶北義城 孤雲寺大雄殿 二○一年 慶法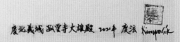

▲ 대웅보전 54×38cm pen drawing on canvas , 캔바스에 펜으로 담은 작품으로 대웅보전에 내린 눈 덮인 설경으로 최치원이 묵었던 곳으로 절의 이름도 고운사가 되었다 한다

　　중앙고속도로를 타고 남안동 나들목으로 나와, 마늘로 유명한 고장 의성에 위치한 고운사로 향했다. 고운사는 신라시대 고운 최치원의 숨결이 살아 있는 지장도량으로 구름을 타고 간다는 등운산 자락에 위치한 대한불교 조계종 16교구 본사이다. 고운사라는 이름은 최치원의 호를 따서 지은 것이다.

　　고운사는 예전만 해도 교통이 불편해 찾는 이가 드문 곳이었다 한다. 계곡물이 사찰을 가로질러 도량 공간 확보도 쉽지 않았으나 계곡을 복개하고 도로 포장도 되어 고운사까지 차로 들어갈 수 있게 되어 한결 찾기 편리한 곳이 되었다.

　　고운사는 신라 신문왕 때에 의상조사가 창건한 사찰로 창건 당시는 높이 뜬 구름 아래 지은 절이라 하여 고운사(高雲寺)라 하였으나 고운 최치원이 이곳에서 수도하면서 가허루와 우화루를 지은 후 그의 호를 따서 고운사(孤雲寺)라 하였다. 고려 태조의 스승으로 알려진 도선이 중창하였다 하며, 공민왕이 가허루를 '가운루'라 고쳐 썼다 한다.

　　산문을 지나 단아한 아름다움을 보이는 일주문에는 '등운산 고운사'라는 현판이 걸려 있다. 차례로 천왕문을 통과하여 들어가는 길에 자그마한 전각 '고불전'이 보인다. 안에는 자그마한 석불들이 모셔져 있다. 맨 먼저 나타나는 건물이 신라 말 학자인 최치원이 세운 누각인 '가운루'로 옛날에는 이 누각 아래로 계곡물이 많이 흘러내렸다. 그래서 계곡에 잠기는 부분에는 돌기둥을 놓고 그 위로는 나무 기둥을 이어서 누각을 받쳤다. 이제는 예전처럼 물이 흐르지 않아 아쉽지만 건물 자체의 정교한 아름다움은 그대로 간직하고 있다. 최치원이 세운 '우화루' 벽엔 커다란 호랑이가 그려져 있다. 특이하게도 보는 방향에 따라 그 모습이 달라지는 걸작이다.

또한 임진왜란 때 사명대사가 승군의 전방 기지로 식량 비축과 부상병 뒷바라지를 하던 호국사찰이며, 일제 탄압 시는 호국불교의 꽃을 피웠던 곳이나 일제 패망 후 오히려 쇄락하였다. 현재는 본사로 위상이 올라갔고 경북지역 말사를 관할하는 대사찰이다. 그럼에도 고운사에는 30동의 건물로 이뤄져 있어 본사로서는 비교적 규모가 작은 편이다.

▲ 고운사 연수전 54×30cm pen drawing on paper . 절의 약간 높은 곳에 위치하고 대문과 담장으로 둘러싸인 연수전은 영조의 어첩을 보관했던 곳이라서 건축 양식도 화려할 뿐 아니라 전각의 명칭도 장수를 기원한다는 의미로 보인다.

대웅전은 비교적 최근에 조성했는데 본사로서의 위상을 제고하기 위한 것으로 그 자리에 있던 고금당 선원을 위로 이전하고 새로 지은 것이다. 대웅보전에는 석가모니불을 주불로 모시고 문수보살과 보현보살을 협시 보살로 모셨다. 눈이 온 산속의 고즈넉한 산사의 대웅전의 모습이 아름다워 펜화로 담아 보았다.

대웅전 옆의 언덕에는 이전하여 세운 전통 깊은 '고금당' 수도선원이 자리 잡고 있으며 고금당 옆에 우아하고 자그마한 당우 한 채가 나란히 서 있는데 대웅전으로 원래 쓰이던 나한전이다. 나한전 앞에는 도선이 세운 것으로 알려진 높이 2.5m의 고운사 3층 석탑은 단아한 매력을 더한다.

고운사의 볼거리는 영조가 내린 어첩을 보관하던 '연수전'이다. 조금 높은 곳에 담장에 만세문이라는 소슬대문을 지나야 만나볼 수 있어 대부분 그냥 지나치는 곳이다. 원래 고종의 무병장수를 기원하는 의미에서 새로 지었는데 전각의 기법이 궁궐의 전각 같은 품위를 지녀 품격 있는 건물의 느낌을 준다. 그 가치를 인정받아 최근 보물로 지정되어 보존에 힘쓰고 있다. 연수전을 다시 고쳐지은 고종 때의 문신 청광록은 노역 없이 건물을 지어 칭송이 자자하였다 하며 합병 후 관직을 버리고 낙향하였다. 이를 기려 청백리의 표상이라 하였다 한다.

건물의 선이 수려하여 참으로 아름다운 건축물이라서 눈길을 사로잡았다. 한참을 바라보다가 이를 펜화로 옮겨 보았다.

대웅전 왼쪽으로 돌아앉은 약사전엔 또 다른 볼거리가 있다. 통일신라시대 작품으로 불상광배의 조각수법이 뛰어난 석조석가여래좌상이 모셔져 있는데 크기도 76cm로 작지만 오른손이 손상된 이외에는 온전하여 보물로 지정된 문화재를 만나

볼 수 있다.

　고운사 극락전은 높은 석축위에 세운 아미타불을 모신 전각으로 3칸의 팔작지붕의 소박한 건물이다. 대웅전을 지을 때까지 고운사의 큰법당 역할을 하였다. 명부전에는 지장보살 탱화가 있고 염라10왕이 모셔져 있는데, 지장보살 영험지라 하여 고운사를 '해동제일 지장도량'이라 불렀다 한다. 이 때문에 죽어서 저승에 가면 염라대왕이 고운사에 다녀왔느냐고 묻는다하니 한번쯤 다녀옴직하다. 영험 있는 기도처로 알려져 있어서 사람들이 많이 오는 곳이기 때문이다.

　주변에 금봉자연휴양림이 있어 숙박지로 정하고 주말 숙박을 위해 일찌감치 예약을 했기에 여유가 있었다. 의성의 맛 집으로 첫손을 꼽는 곳이 의성시장의 '남선옥' 이라 하니 들러서 식사 후 재래시장을 구경하다가 의성마늘을 산 후 주변의 고택을 둘러보기로 했다.

6편

부산 금정산 범어사

▲ 범어사 일주문 ,pen drawing on paper 33×24cm 범어사의 특징적인 양식은 돌기둥 위에 전각을 지은 형식인데 일주문도 동일한 형태를 띠고 있는데 드물게 네 개의 기둥이 있는 일주문이며 보물로 지정되었다.

부산행 비행기를 타고 김해공항에 내린 후 지하철로 범어사역에 내려 부산의 대표적인 사찰 범어사를 찾았다. 금정산 자락에 위치한 조계종 14교구 본사 범어사는 7대 총림 중 '금정총림'으로 불리는 호국의 절이다.

부산 도시철도 1호선 범어사역에서 걸어가기에는 엄청나게 먼 데다 산 중턱까지 올라가야 하므로 여기서부터 걸어갈 생각은 포기하는 게 좋다. 범어사역 5번과 7번 출구 사이에 있는 골목길로 쭉 들어가다 보면 나오는 범어사 입구 정류장에서 부산버스 90번 버스를 타고 기행을 시작했다. 참고로 범어사까지 걸어 올라가는 도보용 산길이 따로 있는데 지역 주민들은 범어사 걸어가는 산길을 운동 삼아 애용하고 있다. 차를 끌고 가거나 택시를 타고 간다면 상행길은 일방통행로이니 주의해야 한다.

범어사 경내에 들어서기 전 처음 만나는 일주문. 기둥 네 개가 나란히 늘어선 독특한 범어사 일주문의 명칭은 '조계문'이다. 조계문의 중앙 어칸에는 '조계문(曹溪門)'이라 편액이 있고 양 옆 협칸에는 '선찰대본산(禪刹大本山)'과 '금정산 범어사(金井山梵魚寺)'라는 편액이 같이 걸려 있는데 자연 초석 위에 긴 석조기둥과 짧은 목조기둥을 이어 세운 형식이다. 현재의 범어사 조계문은 조선 숙종 때에 중창한 것이라 한다. 조계문은 적당히 치석한 둥글고 긴 석조기둥과 짧은 목조기둥 4주를 세워 3칸으로 구성하였다. 높은 돌 위에 짧은 나무로 기둥을 세웠는데 보기에도 안정되고 전통의 건축미가 은은하게 배어나오는 걸작품이다. 만법은 하나로 돌아간다(卍法歸一)는 법리를 담고 있어 삼해탈문이라고 부른다.

대웅전도 일주문과 같은 형식을 취하고 있는데 이는 해안지방에서 흔히 나타나는 목재 기둥의 취약성을 보완하기 위한 형식으로 많이 볼 수 있는 수법이다. 시각적으로 안정된 조형감과 치장 성을 돋보이게 하고 한국전통 건축의 구조미를 잘 표현했다. 우리나라 일주문 중에서 걸작품으로 인정되어 일주문으로는 드물게 보물로 지정된 문화재다. 필자는 범어사를 찾는 사람들을 위시해 일주문을 지나는 장면을 그렸다.

일주문을 들어선 후 길을 따라 천왕문과 불이문을 지나면 보제루를 지나게 된다. 보제루 벽면에는 심우도가 그려져 있다. 심우도는 송나라 보명이라는 사람이 창안한 선화로 소를 길들이는 과정을 인간의 마음에 비유해 그린 것으로 소는 모든 생명체가 가진 본래의 청정한 성품을 상징하는 것이라 한다.

선찰대본산 금정총림 범어사는 부산지역을 대표하는 고찰이며 해인사, 통도사와 함께 영남 3대 사찰이기도 하다. 범어사는 신라 문무왕 때 의상이 창건하였다는 설이 유력하다. 『동국여지승람』에 의하면, 이 산의 꼭대기에는 가뭄이 와도 마르지 않는, 금빛을 띤 우물이 있는데 하늘에서 내려온 물고기가 그 물 안에서 놀았다고 한다. 이에 산 이름을 '금빛 우물'이라는 뜻의 금정산(金井山)으로 짓고 그곳에 사찰을 세워 '하늘에서 내려온 물고기' 라는 뜻의 범어사(梵魚寺)라고 이름을 지었다고 한다.

임진왜란 때 서산 대사가 활약한 곳으로 왜군의 보복으로 모두 불타버려 폐허로 있다가 광해군 때 묘전 스님, 해민 스님 등이 법당과 요사 등을 중수해서 현존하는 대웅전과 일주문은 그때 세운 것으로 알려져 있고. 신라시대 창건 당시의 흔적은 3

층 석탑과 건물의 기단 등 석조 부분이 남아있어 천년 고찰임을 알 수 있다.

　범어사는 역사적으로 많은 고승대덕을 길러내고 선승을 배출한 수행사찰로 오랜 전통과 많은 문화재가 있는 곳이다. 의상 대사를 비롯하여 원효, 표훈 대덕, 낭백 선사, 근대에는 경허, 용성, 성월, 만해, 동산, 성철 스님 등 한국 역사 속의 고승들이 수행 정진하여 한국의 명찰로서 그 역사적 의미를 지닌다.

　이곳 범어사 대웅전은 옆면에서 볼 때 사람 인자 모양을 한 맞배지붕이다. 지붕

▲ 범어사 대웅전　pen drawing on paper　33×24cm 대웅전은 맞배지붕으로 높은 기둥 기초에 기둥을 세운 형식이다. 범어사는 대부분의 전각을 맞배지붕으로 세운 것도 특이하다.

처마를 받치기 위해 장식하는 공포가 기둥 위뿐만 아니라 기둥 사이에도 있는 다포 양식이다. 석가모니불과 협시보살로 미륵 보살과 제화갈라 보살을 함께 모시고 있다. 또한 건물 안쪽에 불상을 올려놓는 자리인 불단과 불상을 장식하는 지붕 모형의 닫집에서 보이는 조각의 정교함과 섬세함은, 조선 중기 불교건축의 아름다움과 조선시대 목조공예의 뛰어남을 보여주고 있다. 임진왜란 때 불에 타버린 이 대웅전은 조선 선조 때 다시 지었다고 전해진다. 대웅전 앞에 있는 신라시대 삼층 석탑이 눈에 띈다. 화강석의 석탑으로 높이는 4m정도인데 제1탑신은 특히 커서 2층 이상부터는 반으로 줄어들어 독특함이 눈에 띈다.

대웅전을 비롯하여 비로전, 미륵전, 관음전, 팔상전, 나한전, 심검당, 불이문, 천왕문, 일주문 등 지붕의 형태가 모두 맞배지붕으로 되었는데 이는 이 전각의 통일성을 기한 것으로 보인다.

대웅전 왼쪽 지장전(명부전) 뒤쪽에 길다란 전각이 있는데 팔상전과 나한전 독성각이 한 건물에 있는 유일한 형식이라 매우 독특하다. 대웅전의 오른편에는 관음전이 자리하고 보제루 옆의 종각 앞에는 비로전과 미륵전이 보인다. 오른쪽으로 중심 법당을 벗어나면 금어선원과 설법전이 보이고 인근에 부속암자 가는 길이 안내되어 있다.

범어사는 경내의 울창한 소나무 숲이 좋고 계곡도 끼고 있어 사색의 공간으로 더할 나위 없는 곳이다. 팔상전 옆의 휴휴정사는 참선을 경험하는 템플스테이 공간으로 인기가 높고, 성보박물관에는 일연 스님의 삼국유사가 보존되어 있어 귀중한 자료를 둘러보는 의미가 남다르다.

범어사 하행길은 양방통행으로 변경되었는데, 걸어서 내려오는 길에서 제2의 수도 부산의 경치를 음미할 수 있어 좋다.

7편

평창 오대산 월정사

. . . . .

▲ 월정사 적광전 pen drawing on paper, 56×38cm 펜화를 그리기 전에 불심이 타오르는 불꽃 형상의 문양 효과를 위해 물감과 소금을 사용했다. 석가모니불을 모신 적광전과 8각 9층 석탑은 월정사의 상징이기도 하다. 석탑 앞에 예배드리는 약왕 보살이 이채롭다.

여름휴가에 설악으로 가던 길에 월정사를 들러 가기로 했다. 마음의 달이 아름다운 절, 문수신앙 발원지로 탄허 스님의 흔적이 곳곳에 서린 조계종 제4교구 본사 오대산 월정사. 이 절을 품고 있는 오대산은 문수보살의 성산으로 산 전체가 불교 성지로 학승 배출의 요람으로 알려진 곳이다.

절의 입구를 나타내는 일주문은 가람 배치에서 통상 나타나는 세 개의 문 중 첫 번째로 모든 중생이 자유롭게 드나들라는 의미로 기둥만 있고 원래 문이 없다. 기둥을 양쪽으로 하나씩 세워 짓기 때문에 일주문이라는 유래가 생겼다고 한다. 월정사 일주문을 들어서면 현대사의 최고 학승이신 탄허 큰스님이 월정사에 주석하시면서 친필로 쓰신 '월정대가람'이란 일주문 현판이 보인다. 불교에서는 고승이 머무는 것을 주석한다고 표현한다.

일주문에 그려져 있는 양각 사천왕상이 실감나게 표현되었다. 곧 튀어나올 듯 역동적이고 힘찬 모습이 대단하다. 이제부터 전나무 숲이 드러난다. 전나무숲길은 월정사 입구인 일주문에서부터 금강교에 이르는 약 1.2㎞의 길이다. 내방객들이 신발을 벗고 걷는 것으로 유명하다. 길 양쪽에 울창하게 늘어서 있는 수백 년 된 거목과 평균 100년 이상이 된 듯한 전나무 수천 그루로 이루어진 최고의 숲길이다. 이 전나무숲길은 예전에는 포장하였다가 다시 흙길로 복원한 곳이다. 전나무숲길 옆으로 난 오솔길을 들여다보면 나무벤치들이 있어 전나무 숲 아래 곳곳에 쉼터의 여유를 만끽할 수 있다.

전나무 숲을 가다보면 길 양편으로 설치예술가들의 설치 예술품도 보인다. 아름다운 자연을 즐기며 감상하는 또 다른 재미가 있다. 일주문을 지나 얼마가지 않아 오른쪽에 조그마한 탑이 보이는데 알아보니 우리나라에 하나밖에 없는 '삭발기념탑'이라고 한다. 이 탑 아래에는 출가한 스님들이 삭발한 모발이 묻혀있어 출가승들의 성지로 불리는 곳이라 한다. 월정사에서는 일반인들이 한 달 출가살이를 체험하고 발심하여 출가하는 이들도 있다.

"寶殿主人曾作夢 보전에 주인공이 꿈만 꾸더니

無明草茂幾多年 무명초 몇 해를 무성했던고

今向金剛鋒下落 금강보검 번쩍 들어 깎아 버리니

無限光明照大千 무한광명이 대천세계 비추이네." 라는 석가모니께서 삭발할 때 하신 말씀이 적혀있다.

차를 가지고 가면 금강교 건너의 주차장에 주차를 하고 다리를 건너오게 되는데 일주문에서 걸어서 약 1km 정도 된다. 월정사는 일주문을 지나고 사천왕문이 나오며 이 사천왕문에는 수미산의 동서남북 사방에서 불법을 수호하시는 사천왕상을 모신 곳이다. 마지막에 금강루가 나중에 나온다. 통상의 보제루의 기능을 금강루가 하고 있으며 여기를 거쳐서야 본 법당에 가게 된다. 세 번째 문인 금강문은 루 형태로 구현되어 있어 올라가 보면 월정사 주변이 잘 보인다.

월정사의 금당은 '적광전'이다. 석가모니 부처님을 본존불로 모신 전각으로 건물은 정면 다섯 칸, 측면 네 칸의 매우 큰 법당으로, 팔작지붕에 다포계 양식으로 갖

가지 문양이 어우러진 단청도 매우 화려하다. 법당에는 석굴암 본존불과 같은 형식의 대불이 봉안되어 있다. 적광전에는 대개 비로자나불을 모시는 것이 통례지만 여기서는 그 통례를 깨고 석굴암 불상의 형태를 그대로 따랐다. 또한, 본존불만 모시고 협시불을 모시지 않은 것도 특이하다. 이 적광전 현판과 기둥에 걸린 글씨는 탄허 스님의 친필이라고 한다.

월정사의 상징과도 같은 팔각 구층 석탑이 적광전 앞에 위치하여 시그니처를 보여준다. 월정사는 고려시대 강원 지역을 대표하는 주요 사찰이었던 것으로 보이는데, 이 팔각 구층 석탑이 고려전기의 석탑으로 그러한 사실을 말해준다. 국보로 지정된 문화재인 이 탑의 남쪽 전방에 무릎을 꿇고 앉아 두 손을 가슴 앞에 모아 탑을 향해 무엇인가 공양을 올리는 자세를 갖추고 있는 월정사 석조보살상이 특이하다. 원래부터 탑과 공양보살상은 한 세트로 만들어진 것으로 보인다. 석조보살상은 전체적으로 양감이 잘 강조된 모습으로, 안정되고 균형 잡힌 자세와 알맞은 비례를 갖추고 있으며, 보관과 귀걸이, 팔찌, 가슴 영락 장식 등 세부표현도 화려하고 섬세하다. 이와 같은 탑전 공양보살상은 '약왕보살상'이라고 하는데 이전에는 찾기 힘든 고려 전기적 특징인 동시에 다른 나라에서는 볼 수 없는 우리나라만의 독창적인 도상과 구성이라는 점에서 중요한 가치가 있다고 여겨진다. 적광전과 구층 석탑 그리고 약왕보살상이 펼쳐진 전경을 펜으로 담아 보았다.

월정사는 자장 율사에 의해서, 신라 선덕여왕 때 창건된 것으로 전해진다. 자장 율사는 중국으로 유학하여 산서성 오대산의 태화지에서 문수보살을 친견하였는데

▲ 월정사 종고루 pen drawing on paper 53×41cm 적광전 맞은편의 종각이 보이는 풍경으로 눈 온 날 한 스님이 아침 예불을 위해 나서는 모습을 그렸다. 한지에 금분을 칠하고 아크릴로 부분 채색 후 펜화로 작업하였다.

이때 문수보살이 부처님의 사리와 가사를 전해준 뒤, 신라에서도 오대산을 찾으라는 가르침을 주게 된다. 이후 귀국하여 찾게 된 곳이 강원도 오대산이며, 이때 월정사를 창건하고 오대 중 중대에 부처님의 사리를 모신 적멸보궁을 조성하게 되었다한다.

오대산 월정사는 창건 이후 통일신라 말과 고려 초에는 9산 선문 중 하나인 강릉 사굴산문의 영향권에 있었다. 고려 말에는 나옹 스님이 주석하게 되고, 조선 초에는 나옹 문도들에 의한 불사와 정비가 이루어 졌다. 이후 조선 중기에 이르면 사명당이 주석하고, 조선시대 월정사는 단종을 폐위하고 왕위에 오른 세조가 여러 차례 방문하였으며 실록을 보관하는 사고를 두는 등 왕실의 원찰 기능을 했던 사찰이다. 수차례 화재를 겪고 중창하는 과정을 겪었으며 1·4후퇴 당시 작전상의 이유로 아군에 의하여 전소되는 아픔이 있었다. 그런데 화엄학의 대가이며, 불교경전은 물론 동양사상 전반을 아우른 탄허 스님께서 주석하시며 월정사는 점차 복원된다. 탄허 스님의 제자 만화 스님이 현 적광전을 중건하고, 이후 현해 스님이 대법륜전을 건립하였다 한다.

월정사의 종고루에 들렀던 날에는 눈이 엄청 왔었는데 하얀 눈이 온 세상을 덮은 아름다운 풍경 속을 걸어가는 스님의 뒷모습을 넣어 펜화로 담아 보았다. 종루는 팔각 구층 석탑 앞쪽에 있는데, 앞면 3칸, 측면2칸의 2층 누각으로 범종, 목어, 운판, 법고 등의 불전사물을 봉안하여 새벽예불과 저녁예불 때 사용한다고 한다.

'수광전'이라는 생소한 현판이 보인다. 알고 보니 무량수전 또는 극락전이라고도 부르는 아미타부처님을 모시는 곳이다. 이 밖에도 월정사의 보물 및 유물들을 모아 놓은 전시실 '보장각'에는 팔각 구층탑과 같은 모양의 축소판 목조탑이 있어 둘러볼 만하다.

오대산의 정기가 모인 곳에 고요하게 들어앉은 월정사는 사철 푸른 침엽수림에 둘러싸여 고즈넉한 아름다움이 있다. 전나무 숲의 매력과 더불어 인근의 말사 상원사와 중대 사자암의 적멸보궁까지 둘러볼 수 있는 곳이다. 돌아 나오는 길에 사찰 입구에 위치한 금강연에는 맑고 시린 물에서 열목어가 헤엄치는 데 빼어난 경관을 물에 비추며 흐르고 있었다.

월정사와 적멸보궁 중간에 말사 상원사가 있다. 상원사에는 오대산과 얽힌 세조의 전설이 하나 전해진다. 세조가 상원사에서 기도하던 어느 날, 오대천의 맑은 물이 너무 좋아서 혼자 목욕을 하고 있었다. 그 때 지나가던 한 동승에게 등을 밀어줄 것을 부탁하였다. 목욕을 마친 세조는 동승에게 "어디 가든지 임금의 옥체를 씻었다고 말하지 말라" 고하니 동승은 미소를 지으며 "어디 가든지 문수보살을 친견했다고 하지 마십시오." 하고는 홀연히 사라져 버렸다. 세조가 놀라 주위를 살피니 동승은 간 곳 없고 어느새 자기 몸의 종기가 씻은 듯이 나은 것을 알았다. 이렇듯 문수보살의 가피로 불치병을 치료한 세조는 크게 감격하여 화공을 불러 그 때 만난 동자의 모습을 그리고 목각상을 조각하게 하니 이 목각상이 바로 상원사의 문수동자상이며, 목욕을 할 때 관대를 걸어두었던 그곳이 지금의 '관대걸이'이다.

8편

보은 속리산 법주사

▲ 충북 보은 속리산 법주사 대웅전 , pen drawing on canvas 53×45cm 대웅전이 2층 중층 전각인 경우는 희귀한 편이다. 게다가 7칸의 건물도 드문 편이다. 앞의 석등도 아름답고 궁궐의 형식인 답도를 둔 것이 특이하다. 좌우로 보리수 나뭇가지를 그려 넣었다.

속리산의 가을은 언제나 아름답기에 가족과 함께 법주사 사찰기행을 하기에 적합한 곳이다. 경부고속도로 청주 ic를 나와 시내의 플라타너스 길을 지나 무심천변 우회도로 19번 국도로 보은으로 향한다. 법주사는 국내 유일한 목조 5층탑 팔상전과 거대한 금동미륵대불로 유명한 절로, 최근에는 세조산책길이 유명해져 찾는 이가 늘고 있다.

법주사 가는 길에는 넓은 터에 우뚝 서 있는 600년 된 정이품송을 만난다. 세조가 자주 들른 절로 인사를 하였다고 해서 정이품 품계를 받았다고 한다. 1993년 정이품송은 돌풍으로 인해 좌측 큰 가지가 부러지면서 안타깝게도 좌우 대칭이 깨졌다. 하지만 여전히 품위 있는 자태로 관광객들을 맞이하고 있었다.

예쁜 호수를 따라 가는 길에 구불구불 말티고개를 넘어서 속리산 주차장에 도달하게 되는데, 길에서 바라보는 속리산의 높이와 위용은 실로 웅장하다.

법주사는 신라 법흥왕 때에 의신 조사가 처음 건립하여 혜공왕 때 진표 율사가 고쳐지었으나 임진왜란 시 불타 버린 후 인조 때 벽암 대사가 다시 지어 오늘에 이르고 있다. 의신 조사가 천축국(天竺國, 지금의 인도)에 갔다가 백 나귀에 불경을 싣고 와서 절 지을 터를 찾아다니는 길에 흰 노새가 지금의 법주사 터에 이르러 발걸음을 멈추고 울었다고 한다. 의신 조사가 노새의 기이한 행적에 걸음을 멈추고 주변을 둘러보니 아름다운 경치에 비범한 기운도 느껴져서 그 자리에 절을 지은 후 절 이름을 인도에서 가져온 경전 즉, 부처님의 법이 머물렀다는 뜻에서 '법주사'라 하였다는 전설이 있다.

현재 대한불교 조계종 제5교구 본사이나 본래는 법상종 사찰이자 미륵도량으로 미륵전과 대적광전이 같이 있는 사찰이었고, 지금은 미륵전 자리에 용화전(같은 의미로 미륵불을 모시는 곳)이 새로 조성되어 팔상전 옆에 자리하고 있다

일주문은 '호서제일가람'이라는 현판을 달고 있다. 법주사의 상징적인 시그니처는 거대한 규모의 높이가 100척에 이르는 금동미륵대불이다. 미륵대불은 1939년 우리나라 최초의 현대조각가 김복진의 구상으로 시멘트로 조성하였으나 그가 돌연 병사하여 공사가 중단되었다.

이후 후배 조각가에 의해 완성하였지만 부식이 심해 철거가 결정되었고, 1990년에 다시 청동미륵대불로 조성되었다. 불신을 52조각으로 사전 제작해 용접해 조성하는 방법을 사용했다고 한다. 화강석으로 만든 8미터의 기단위에 25미터의 거대한 대불에는 청동이 160톤이나 소요되었다 하니 대단한 불사였음이 짐작된다. 새로 만든 대불은 초기 모습인 보관을 생략하고 광배를 추가하였지만 형태는 원형을 유지했다. 2002년에 개금불사를 하여 현재의 모습을 갖추게 되어 법주사의 금빛 찬란한 미륵부처님의 모습이 되었다.

또 하나의 상징적인 건물은 '팔상전'이다. 팔상전은 석가모니의 일생을 여덟 장면으로 구분하여 그린 팔상도를 모시고 있는 5층 목조탑이다. 법주사를 처음 만들 때 세워진 것으로 전해지며 임진왜란 때 불에 타 사라진 것을 선조 38년부터 인조 4년에 걸쳐 벽암 대사가 주관하여 다시 세웠다.

팔상전의 설명문에 따르면, 두 단의 석조 기단 위에 세워져 있고 기단 네 면의 중

앙에는 돌계단이 있다. 이 기단과 계단은 통일 신라 때의 것이다. 각 층의 밑면은 정사각형이며, 1층과 2층은 다섯 칸, 3층과 4층은 세 칸, 5층은 두 칸으로 올라갈수록 너비가 줄어들어 안정감을 준다. 처마 끝의 무게를 받치는 공포는 1층부터 4층까지는 주심포식이고 5층은 다포식 이다. 지붕은 꼭대기를 중심으로 네 개의 지붕면이 뻗어 있는 사모지붕이며 지붕 위 꼭대기 부분은 조선 시대의 것으로 지금까지 완벽하게 보존되어 있다. 팔상전 내부 한 가운데에는 5층 전체를 통과하는 기둥이 있다. 이 기둥의 네 면에는 팔상도가 두 폭씩 있고 그 앞에는 열반상과 삼존 불상이 있다. 지붕 위쪽은 탑 형식이라는 점을 말해주는 머리장식이 달려 있다. 법주사 팔상전은 현재 우리나라에 남아 있는 유일한 목조탑으로 건축적 가치가 크다고 평가된다고 한다.

대웅보전은 건평 170평으로 상당히 넓은 건물이고 높이가 약 19m에 이르는 2층 전각의 대규모 건물이다. 무량사 극락전, 화엄사 각황전과 더불어 중층 목조 건축물로 우리나라 3대 불전의 하나로 꼽히고 있으며, 이 건물과 같은 수법의 건물은 3층 전각인 금산사 미륵전이 유일하다.

특이하게 대웅전 계단에 답도(궁궐에서 임금이 가마를 타고 지나가는 계단)가 계단 중앙에 장식된 것으로 보아 왕이 자주 찾은 사찰임을 보여준다. 게다가 원숭이상이 계단을 지킨다. 아마도 부처를 호위하는 제후로 성스러운 동물로 여기기 때문이다. 사도세자의 모친 영빈 이 씨가 불사에 가담한 것으로 알려졌고 영빈 이 씨의 위패가 모셔진 선희궁 원당도 있다.

대웅전 내부에도 보물이 있는데 바로 흙으로 빚은 비로자나삼불상이다. 봉안된

▲ 법주사 팔상전 pen drawing on hanji 53×35cm 옻칠 한지에 펜으로 그린 작품으로 법주사의 대표작인 건물이자 국내에 유일한 5층 목조탑과 범종루가 보이는 풍경을 담았다.

주존불이 비로자나불임에도 현재는 '대웅보전'인 것이 특이하다. 그러나 옛 기록에는 '대웅대광보전'으로 되어 있었으나 대원군 때 미륵전을 헐면서 고쳐 부른 것으로 보여진다. 삼불상은 높이 5.5m, 허리둘레 3.9m에 이르는 국내 소조불 좌상으로 가장 크다고 한다. 삼불상은 가운데에 법신인 비로자나불, 왼쪽에 보신인 노사나불, 오른쪽에 화신인 석가모니불이 있는데, 내부에 모셔진 이 삼신불은 벽암 대사가 중건할 때 조성된 것이다.

대웅전 앞에 배치된 사천왕 석등이 가치가 높은데 팔각면 중 사면에 사천왕상을 조각한 것으로 통일신라시대 석등의 원형을 보여주는 보물이다. 대웅전 좌우에 석가모니부처님이 득도한 곳에 있었던 보리수나무가 좌우에 자라고 있어 대웅보전을 펜화로 담으며 보리수 가지를 그려 넣기로 했다.

그리고 쌍사자 석등, 팔상전, 통일신라 유물 석련지가 국보로 지정되어 있기도 하고 보물도 6점이나 있어 사찰 전체가 문화재가 즐비한 곳이어서 탐방하는 것 자체가 즐거운 곳이다. 쌀 80가마를 씻을 수 있는 석조와 거대한 철솥이 아직도 보존되어 수천의 승려가 수행하던 곳임을 짐작케 한다.

법주사를 왔으니 세조길을 탐방해 보기로 했다. 병에 걸린 세조가 기도를 드린 복천암 가는 길이 세조의 산책길로 명명되어 지금은 매력적인 곳이 되었다. 세조는 왕위를 찬탈하고 재임기간 내내 죄책감에 시달렸던 탓에 피부병으로 많은 고생을 했다. 세조가 노년에 무거운 마음의 짐을 지고 올랐다가 마음을 씻고 내려왔다는 속리산의 '사은순행' 길이다. 법주사 정문 우측부터 본격적인 세조길이 시작되는데 소나무와 참나무, 전나무, 단풍나무 등이 늘어선 채 탐방객들을 맞이한다.

'세조길'은 문장대 가는 길과 나란히 조성되어 있다. 등반을 해보겠다면 문장대까지 2시간 정도면 오를 수 있는데 다음에는 문장대에 올라 속리산 전경을 한눈에 바라보고 가을을 더 느껴 보고 싶다. 문장대를 세 번 오르면 극락에 갈 수 있다 하니 앞으로도 속리산은 세 번은 더 가야할 듯하다.

9편

순천 조계산 선암사

▲ 선암사 승선교 반딧불이 풍경 pen drawing on paper , 54×38cm 반딧불이가 노니는 초저녁의 풍경으로 이 작품에는 가재, 송사리, 참새, 두꺼비 등 온갖 생물들이 표현되어 있다. 찾아보는 재미가 있는 작품이다.

남도 기행을 계획하고 가족과 함께 여름휴가를 떠났는데 시간을 내서 순천 조계산 자락에 위치한 대한불교 조계종 20교구 본사이자 태고종 본산 선암사를 들렀다. 선암사는 매화가 아름답고 차밭으로 유명한 천년고찰이다. 특히 입구의 승선교 돌다리가 인상적이고 '뒷간'이란 현판이 달린 해우소를 볼 수 있는 곳으로 대중에게 가장 많이 알려진 곳이기도 하다.

소설가 조정래의 아버지가 이곳의 스님이었다고 하며, 불교를 소재로 한 영화, 드라마에서 촬영지로 가장 많이 등장하기도 했다. 강수연이 출연한 영화 '아제아제 바라아제'와 전무송, 안성기가 출연한 영화 '만다라'의 촬영지가 선암사이다. 또한 드라마 '용의 눈물'에서 경순공주가 삭발하고 출가하는 장면도 여기서 촬영하기도 했고 임권택의 '취화선' 영화도 여기서 촬영했다.

최근에는 사찰기행의 목적으로도 다시 봄에 간 적이 있다. 순천 조계산에는 두 명찰이 있는데 송광사와 선암사다. 산의 동쪽 기슭에 선암사가 있다. 진입로는 경사도 완만하고 한국관광공사가 선정한 아름다운 운치 있는 길이기 때문에, 오히려 이 길을 더 좋아하는 방문객들도 있다. 불자가 아니어도 선암사 숲길과 경내를 찾게끔 하는 것은 아름다운 모습 덕이다. 예전에도 14명이나 되는 처가집 식구들과 여름휴가로 남도 여행을 하는 기회에 들렀던 아름다운 숲길은 기억에 생생하다.

선암사가 대중에게 사랑받는 이유는 옛 모습을 잘 유지한 때문이기도 하며 나무와 꽃이 풍성하여 아름다운 사찰의 모습을 담기에 손색이 없는 곳이기도 하다.

유네스코 세계문화유산 등재가 말해주듯 산문에 들어서면 수 백년 된 전나무와

▲ 선암사 강선루 pen drawing on paper , 54×38cm 선암사로 가는 숲길을 지나 승선교에서 보이는 강선루는 신선이 내려와 노닐던 곳이라 한다.

참나무, 고로쇠나무 등의 나무 향에 취할 정도의 매력을 지닌 곳이다. 숲길을 지나면 승선교와 강선루가 나온다. 계곡으로 내려가 사진을 찍는 사람들이 보인다. 선암사 승선교는 중창불사를 마무리한 호암 약휴 스님이 지었다고 전해지는 한국에서 가장 아름다운 홍예교(무지개형 돌다리)이다. 기단부는 암반이고 그 위에 사다리꼴 모양으로 석재를 다듬어 홍예를 구성하였는데 정확히 40개로, 무너지지 않게 잘 끼워 맞춘 건축미가 돋보이는 수작이다. 중앙에 용두가 보이는데 장식적인 효과는

물론 벽사의 의미로 설치된 것으로 보인다. 용두에 동전을 매달아 놓아 수리비용으로 쓰라고 했다는데 재치가 돋보인다. 필자는 승선교 작품에 반딧불이를 넣어 창의적으로 펜화를 그렸다. 작품 속에는 지역에 사는 생물들을 숨은 그림처럼 넣었고 저 멀리 바라보이는 강선루를 그려 넣었다.

강선루는 계곡 옆 길 한복판에 세워진 누각으로 신선이 노닐었다는 곳이다. 일주문 보다 먼저 만나는 산문과도 같은 역할이다. 건축적인 멋에 취해 펜으로 담아 보기로 했다. 발길을 재촉하여 가는 길에 위치한 다원 '선각당'에서 선암사 야생차를 마시며 앉아 잠시 번민을 내려놓아도 좋다. 일반 야생차는 화개차를 최고로 치지만 순 자연산 야생차는 선암사 차가 최고라 한다. 선암사 뒤편에 800년 넘은 야생차 군락지가 있는데 삼나무와 참나무 그늘에서 자라서인지 찻잎이 연하기 때문이란다.

한참을 걸어야 품위 있는 일주문을 만난다. 계단위에 지어져 얼핏 그냥 지나칠 수도 있다. 계단을 계속 오르면 종각 밑을 통과하고 연이어 만세루를 통과하면 대웅전의 앞마당이 나온다. 대웅전은 주련이 없어 특이한 편인데 목조 건축물의 수려한 미가 돋보이는 편이다. 신라시대 양식의 동서 3층 석탑이 마당에 배치되어 있는데 심검당 쪽에서 바라본 대웅전과 동탑을 펜화로 그려보기로 했다.

대웅전 뒤편에는 불조전과 팔상전이 나란히 있는데 팔상전은 다포계 맞배지붕 건물이다. 내부에는 팔상도와 역대조사 영정을 모신 곳이고, 불조전은 과거칠불과 미래현겁천불을 모신 영조 때 중창한 건물로 새의 날개를 형상화한 익공계 공포를 가진 건물이다. 불조전 뒤편의 원통전은 화려한 곡선미를 가진 T자형 건물로 관세음보살을 모신 전각이다. 원통전 담장 뒤편에 백매화가 한창이다. 천년 가람을 둘러싼 낡은 돌담을 따라 꽃나무들이 피워내는 봄의 정취는 매력 그 자체이고 600년 된 '선암매'라 불리는 매화꽃이 필 무렵에는 향기가 대단하다.

특이하게도 불조전, 원통전 등 전각들이 담장으로 둘러싸여 있고 문을 통해서 들어가게 되어 있어 미로놀이처럼 절의 안을 들여다보는 느낌을 갖게 한다. 경내의 아주 구석진 곳에 지붕이 크고 공포도 화려한 1칸짜리 '각황전'이 있는데 안에는 철

▲ 선암사 대웅보전, pen drawing on 한지 , 53×41cm 선암사 대웅전과 동삼층 석탑이 보이는 뷰를 한지에 금분을 칠하고 아크릴로 부분 채색하여 바탕작업을 하고 그 위에 펜으로 작업했다.

불을 봉안하여 모시고 있다. 각황전 담길에는 홍매화가 50여주 흐드러지게 피어나는 곳이다.

선암사의 유래을 살펴보면 백제 성왕때 아도화상이 처음 사찰을 창건하였다고 전한다. 정유재란 때 모든 전각이 불에 타고 다시 재건했으나 영조 때 화재로 큰 피해를 입었다. 순조 때 실화로 대웅전을 비롯한 여러 동의 건물이 불에 타자 다음해부터 해붕, 눌암, 익종 스님 등이 중창불사를 하여 현재의 가람 구조를 갖추었다. 전성기 시절에는 건물 100여 동이 있었으나 다시 근대에 들어 여순사건 당시 40여동이 불에 타서 사라지고 다시 한국전쟁으로 꽤 많이 소실되어 지금은 20여 동만 남았다.

선암사의 와송은 정말 볼만한 광경이다. 600년 된 이 와송은 무량수각 앞에 넓게 자리를 차지하고 누워있다. 조선 숙종 때 와선으로 법을 깨우쳤다는 현변 스님의 호를 따서 '침굉송'이라고도 한다. 곧은 것만이 최고가 아니라 굽은 것이 장수하고 운치도 더한다는 말이 일리 있다는 생각을 하며 절을 내려가다 보면 이 절의 가장 특이할 것으로 보이는 장소로 해우소(뒷간)가 나타난다. 아이들을 데려가면 신기해서 한 번 씩은 들어가 보는 곳이다. 누구나 이용할 수 있었지만 관광객들이 이용을 꺼렸는지 근처에 현대식 화장실을 새로 만들었다.

워낙 잦은 화재로 사찰이 소실된 경험 탓인지 소방 목적으로 이곳저곳에 자그마한 연못들이 많다. 선암사는 봄에는 영산홍, 수국 등으로 꽃 잔치가 벌어지고 전통 차를 만들어 불사를 하기도 한다고 한다. 절기상 곡우 전에 수확한 잎이 연하고 부드러워 최상품은 '우전차'(작설차라고도 함)라 하는데, 선암사 입구와 '칠전선원'이 관리하는 차밭의 규모는 1만평에 이른다고 하니 한 잎 한 잎을 따서 덖는 수고로움이 느껴진다.

　선암사는 현재 조계종 교구 본사이기도 하지만 한국불교 태고종의 본산이어서 오랜 기간 소유권 분쟁을 겪는 중이다. 조계종에서 재산의 소유권을 가졌고 관리권한은 순천시청에 있는 등 관리주체가 복잡하여 지면서 순천시청은 권리를 반납했고 태고종과 조계종의 법정 다툼은 아직도 진행 중이다. 조계종 선암사는 재산관리 목적으로 존재하는 사찰로 이름만 있을 뿐 소속 승려나 신도는 없다. 현재에도 사찰의 직접적인 운영은 태고종이 하고 있다. 앞으로 원만한 해결을 기대해본다.

　송광사와 등산로로 이어져 있기 때문에 자차가 아닌 대중교통을 이용하고 좀 걸어도 상관없는 사람이라면 송광사로 가서 선암사로 나오거나 그 반대로 가는 일정을 짜는 것도 괜찮다. 등산로라 해도 산꼭대기까지 올라가는 건 아니고 산중턱을 둘러 가는 길이라 걷는 길치고 약간 가파른 정도다. 큰굴목재에서 송광사 쪽으로 유명한 보리밥집이 있다. 여기서 배를 채우고 쉬엄쉬엄 가는 것도 재미가 있다.

　선암사를 내려오는 길에 정호승 시인의 선암사 시 구절이 떠오른다.

"눈물이 나면 기차를 타고 선암사를 가라

선암사 해우소로 가서 실컷 울어라

…… (중략)

풀잎들이 손수건을 꺼내 눈물을 닦아주고

새들이 가슴속으로 날아와 종을 울린다.

기행을 마치고 산채정식집을 들렀다. 20여 가지 반찬이 제공되어 고소한 풍미를 느낄 수 있었다. 시간이 허락되면 낙안읍성에 들러 우리 선조들의 생활상을 재현한 마을에 들어 사진 한 장 남겨보자.

10편

영천 팔공산 은해사

▲ 영천 은해사 pen drawing on paper , 74×56cm 비교적 큰 염색지에 펜으로 담은 작품으로 앞에 오래된 향나무를 위시해 뒤로 중앙에 극락보전, 좌측에 단서각, 설선당, 우측에 심검당과 청풍당(종무소)이 보이는 풍경이다.

본사 사찰 기행을 위해 경부고속도로에서 대구-포항 간 고속도로로 갈아타고 미타도량 팔공산 은해사로 향했다. 대한불교 조계종 제 10교구 본사로 은빛 바다라는 뜻의 극락정토를 상징하는 경북의 대표적인 사찰 은해사는 부속 암자 거조암의 영산전이 더 유명하다니 같이 들러 보기로 했다.

은해사를 찾아가기 위해서는 청통 와촌 나들목으로 나와서 청통 네거리에서 은해사 방면으로 향하면 찾아갈 수 있다. 절의 입구에는 음식점들이 늘어서 있고 주차장과 캠핑장이 들어서 있다. 여기서 500미터 정도만 걸어가면 경내로 갈 수 있다.

은해사 일주문을 들어서면 사천왕상이 지키고 있다. 이상하다 싶어 뒤돌아보니 천왕문이라는 현판을 반대편에 달았다. 일주문과 천왕문을 겸하고 있었다. 일주문까지 가는 거리가 비교적 긴 거리인데 울창한 소나무 숲이 조성되어 있다. 이 숲의 이름은 '금포정'(야생동물을 잡지 않는 땅)이라 한다. 한참을 걸어 가다보니 백년은 넘은 듯한 참나무와 느티나무가 서로 붙어 안고 자라고 있는 연리지가 보인다. 연리지 아래에 촛불을 켜고 빌거나, 왼편으로 돌면 아들을, 오른편으로 돌면 딸을 낳고, 사이가 안 좋은 부부가 손잡고 돌면 사랑의 묘약이 되어 화합한다는 구전이 전해오고 있다하니 간절한 염원을 가진 이들은 사랑의 약효를 기대하고 한번 돌아볼 일이다.

은해사는 통일신라 헌덕왕 때 혜철 국사가 해안평에 창건한 사찰이 해안사인데 이 해안사로부터 은해사의 역사가 시작된다. 고려와 조선 시대를 거치며 여러 차례 중창하였고, 불교 신자인 문정왕후가 집권하게 된 조선 명종 때에 국가의 지원을 받아 천교 화상이 현 위치로 옮겨 다시 세웠다 한다. 이때 조선 인종의 태실을 봉하고 이름은 은해사로 고쳤다. 은빛 바다라는 뜻의 은해사라는 이름은 극락정토에 비유하여 지어진 것이다.

은해사는 대구의 팔공산이 경북 영천에 걸쳐 있어 팔공산 은해사로 불리며, 동화사와 더불어 경북지방의 대표적 사찰로 말사 50개소와 부속암자 8개소를 관장하고 있는 대본사이다. 해방 전까지만 해도 엄청난 토지를 소유한 사찰로 한국 불교의 강백들을 양성, 교육하는 "종립 은해사 승가대학원"이 있는 사찰이기도 하다.

가람배치는 보화루 건너편에 본 법당을 배치하고 나머지 전각들이 좌우로 길게 배치된 평지 가람의 형태를 띤다. 본존불로 아미타불을 모시는 극락보전이 주불전이다. 극락보전은 19세기에 건립된 다포식 팔작지붕으로 내부는 우물마루를 깔고 내부 기둥에 의지해 불단을 만들었다. 사찰 자리가 평지라서 건물 고를 높이는 건축 기법을 써서 웅장해 보인다. 천장은 용 및 비천상으로 화려하게 장식하였고, 대들보 위에 걸친 충량 머리에는 용머리를 조각하였다. 조선후기 다포식 건축물로 지녀야 할 특성들을 잘 유지하고 있는 모습이다. 본래 대웅전이었으나 극락보전으로 편액을 변경했다. 박물관에 보관중인 대웅전 편액과 보화루 편액은 추사가 쓴 것이다.

극락보전 어간문 양쪽 기둥 위에 쥐 모양이 조각돼 있는데 어간문은 스님들만 사

용하는데다 자세히 보지 않으면 찾기 힘들기 때문에 은해사를 자주 참배하는 불자들도 쥐 조각을 본 사람이 거의 없다고 한다. 조그마한 몸체와 머리, 그리고 가늘고 긴 꼬리를 가진 흰쥐와 검은 쥐인데 흰쥐는 낮을 의미하고 검은 쥐는 밤을 의미하여 시간이 허망하게 지나가고 있음을 각인시키고 부지런히 수행정진해서 깨어 있기를 바라는 비유이기도 하다고 한다. 달리 생각하면 인간들의 어리석음을 질책하고 있는지도 모른다. 또 갈등과 대립으로 얼룩진 우리 사회에도 지금 우리에게 진정 중요한 것이 무엇인지를 일깨우는 것이리라.

김유식의 펜화로 읽는 사찰 2

▲ 영천 은해사 pen drawing on paper , 38×28cm 보화루와 종각사이에 두 마리의 용이 받치고 얕은 물을 담은 석조에 연꽃을 조각해 놓았는데 연꽃은 바로 깨달음의 상징이기도 하다. 모습이 아름다워 펜으로 담고 불(佛)자를 배경으로 하여 구성해 보았다.

은해사 마당에는 수령을 정확히 알 수 없는 높이 10미터의 큰 향나무 고목이 운치 있게 자리하고 있다. 필자는 극락보전이 바라다 보이는 너른 마당을 중심으로 향나무를 배치하여 펜화로 담아 보았다. 원래 법당 편액은 추사가 직접 쓴 편액은 대웅전이었다 하는데 지금은 극락보전 편액이 걸려 있다.

팔공산의 암자를 돌아보겠다면 은해사에서 진행하는 템플스테이에 참여하는 것도 좋은 방법이다. 은해사에서 8곳의 산내 암자까지는 모두 시멘트포장도로가 나 있지만, 휴일에는 신도가 아니면 차량 출입이 금지된다. 시간의 여유만 있다면 차를 타는 것보다는 걷는 편이 훨씬 더 낫다.

특히 부속암자인 거조암에는 대한민국의 고건축물로 잘 보존되어 있어 국보로 지정된 영산전이 있다. 거조사는 은해사보다 먼저 지었지만, 근래에 와서 은해사에 속하는 암자가 되어 거조암이라 부르게 되었다. 높은 기단 위에 소박하고 간결하게 지은 영산전은 거조암의 중심 건물로 소박하고 간결한 주심포계 형식으로 여말 조선초 사찰 형식을 보여주는 건물이다. 거조암 영산전에는 석가모니불상과 석조나한상을 모시고 있는데, 나한 526분이 모셔져 있다. 한분 한분의 해학적인 조각으로 오백 나한의 모습이 각기 달라 보는 이로 하여금 미소가 멈추지 않게 한다. 나한기도처로 유명해 찾는 이가 많다고 한다. 원래 나한기도는 급한 성취를 발원하고자 드리는 기도라 한다. 복과 공덕은 스스로 짓는 것이라 하니 간절한 마음으로 발원하는 일이 있다면 지극 정성으로 기도드려 볼 일이다. 거조암을 내려오며 곤드레밥 맛집을 찾아 발길을 돌렸다.

11편

해남 두륜산 대흥사

◀ 대흥사 오르는 길의 부도전앞 소나무 pen drawibg on paper 28×38cm 해탈문 가기 전에 있는 부도전은 서산대사의 법맥을 이은 고승들 승탑 55기가 모셔져 있는 곳으로 규모가 어마어미 하다

대흥사는 한반도 끝단 해남에 있어서 큰 맘 먹고 길을 나지 않으면 가기 어렵다. 대흥사 취재를 가는 길에 땅끝마을 모노레일, 우수영 국민광광지, 그리고 포레스트 수목원을 둘러보기로 했다. 서산 대사의 법맥이 흐르는 대도량 조계종 제22교구 본사 두륜산 대흥사는 초의 선사가 일군 차 문화의 성지로도 잘 알려진 곳이다.

대흥사는 전라남도 해남의 두륜산도립공원 내에 위치하고 있고 주차장 5분 거리에 두륜산 케이블카가 있어 기행을 마치고 올라가 보기로 하고 우선 절로 향한다. 주차장에서 일주문까지는 동백 숲이 조성된 2.4킬로의 먼 길인데 유홍준 선생이 아름다운 산사 입구 풍경을 칭송한 것이 이해가 된다. 일주문 가는 길에 우리나라에서 제일 오래된 여관 '유선관'이 있다. 사찰 내에 위치한 90년 이상 전통을 이어온 한옥숙박시설로, 공영방송 오락프로에 소개되어 알게 되었다. 한때는 도립공원 내의 상업시설을 철거하려 했었다고 하는데 지금도 숙박이 가능한 곳이다.

대흥사는 2018년 '산사, 한국의 산지승원'이라는 명칭으로 유네스코세계문화유산에 마곡사, 통도사 등과 함께 등재된 멋진 가람이다. 절의 유래를 살펴보면 신라의 승려 정관이 서기426년에 창건했다고 전해지는데 서기 544년 아도화상이 창건했다는 기록도 보이고 신라 말기 도선이 창건했다는 설도 있다. 대흥사는 임진왜란 이후 서산 대사가 이 절에 머무셨고 '만년동안 훼손되지 않는 땅'이라 말씀하신 곳이다. 묘향산 보현사에서 입적하신 대사의 의발(승려의 옷과 공양 그릇)을 이곳에 보관했는데 그 의발이 전수되면서 17~18세기 선·교 양종의 대도량 역할을 한 사찰이다.

韓佛敎曹溪宗才三敎區本寺海南頭輪山大興寺天王門 鏡巖亭亭庚滅

▲ 대흥사 사천왕문, pen drawing on paper 38×28cm . 절의 마지막 관문 해탈문에는 사자를 탄 문수동자와 코끼리를 탄 보현동자상이 모셔져 있다.

두륜산은 백두와 곤륜에서 차음 했다고 한다. 대둔산으로 불리었는데 절의 이름
도 예전에는 대둔사(大芚寺)라고도 불리었기에 혼돈을 막고자 일주문에 설명을 달아
놓았다.

대흥사에 들어서면 눈에 띄는 수많은 편액들이 보여 자연스럽게 궁금증이 생기
고 관심이 생기자 서체 전시장을 온 느낌을 받는다. 궁금해서 알아보다 보면 계속
눈에 편액들이 보이니 대흥사 기행은 서예기행이 되어 버렸다. 일주문의 글씨를 보
니 '대륜산 대둔사'라는 현판을 달고 있다. 멋스럽고 부드러운 예서체로 강암 송성

용 선생의 글씨라 한다. 강암체를 창안한 선생은 일제 강점기에는 활동을 거부했던 선비 서예가로 다양한 서체를 두루 섭렵한 명필이다. 특이하게도 두 번째 일주문이 다시 나오는데 좀 더 힘찬 기상의 예서체로 해방 이후 서예 필법의 근거를 중시했던 여초 김응현의 글씨다. 지금도 여초 서예대회가 열릴 정도로 서예의 맥을 잇는 분이라 한다.

일주문을 뒤돌아보면 '선림교해 만화도량' 이라는 현판은 수려한 행서체로 서예가 운암 조용민의 서체라고 한다. 운암은 나이 40에 입문하여 벼루를 구멍 낼 정도로 연마하여, 원교 이광사가 완성한 조선 고유의 서체인 동국진체의 서맥을 이은 근대 명필이다. 이 글은 서산 대사의 말씀으로 뜻은 '부처님 가르침이 숲과 바다 같이 자리한 도량' 이라는 뜻이다.

지나다 보면 서산 대사 승탑을 비롯한 대선사들의 부도전이 있다. 대흥사를 대도량으로 부르는 것은 풍담 스님, 초의 선사에 이르기 까지 열세 분의 대종사와 만화 스님부터 범해 스님에 이르기까지 열세 분의 대강사를 배출한 명찰이기 때문이다. 특히 18세기 최고의 지식인으로 불리는 초의 선사에 의해 차 문화가 보급되기 시작하여 차 문화의 성지라 부르게 되었다. 초의 선사는 다산으로부터 학문을 배우고 최고의 서예가인 추사로부터 그림도 배웠지만 동갑으로 평생을 도반으로 지냈다 한다.

네 개의 산이 부처님 세계를 지키니 굳이 천왕문을 세우지 않았다 하는데 세 번째 문은 해탈문(불이문)이다. 해탈문에는 '두륜산 대흥사' 라는 원숙한 필치의 해서체 현판을 걸고 있다. 조선말기 이조판서를 역임한 명필 해사 김성근의 글씨이다. 같은 필치의 현판은 사찰 내에 여러 개 보이는데 백설당, 명부전, 응진전 현판도 딱 봐도 해사의 서체다. 북송의 미불 서체를 구사하여 시원하면서도 우아함을 갖춘 글씨로 알려진 분이다.

해탈문에는 또 다른 현판이 걸려있는데 '해탈문'이라는 글씨를 쓴 이는 원교 이광사인데, 정종의 후손으로 조선의 명필이며 원교체(동국진체 라고도 함)를 완성한 숙종 때의 인물이다. 서예를 가르치다가 선동한다는 모함으로 23년간 유배 생활을 한 비운의 주인공으로 후대 인물인 추사와 닮았다. 벚꽃이 흐드러지게 핀 사찰을 뒤 배경으로 우뚝 세워진 해탈문의 모습이 멋져서 펜화로 담아 보았다.

▲ 대흥사 대웅보전, 옻칠염색 한지에 pen drawing 56x30cm 서산 대사의 시를 적었다. 남도의 절이라서인지 양쪽에 야자수가 있고 소원 초를 켤 수 있는 도자기로 만든 것들이 놓여 있어 누구나 원한다면 소원 초를 켤 수 있다. 대사가 3년 수도후 읊은 오도송으로 ' 홀연히 창문밖에서 소쩍새가 우는데 눈에 가득한 봄산이 모두 내 고향이로다. 물을 지고 돌아 오는 길에 홀연히 고개를 돌려보니 청산이 무수히 흰구름 속에 갇혀 있구나" 라는 뜻이다.

해탈문을 통과하면 광활한 경내의 전경이 펼쳐진다. 산속에 거대하게 넓은 터에 자리 잡은 두륜산을 병풍삼은 사찰 전경에 막힌 가슴이 탁 트인다. 제일 먼저 남원으로 들어가기 전에 범종루가 보이는데 범종루 현판의 글씨는 여초 김응현 글씨다. 참으로 독창적이고 매력이 넘치는 회화적인 필체라 한참 눈길이 머문다. 대흥사는 경내가 넓어 종각을 기점으로 3구역으로 나뉘는데 금당천을 경계로 대웅전이 있는 북원 구역과 천불전이 있는 남원구역으로 구분되며 남원 옆쪽에 서산 대사 사당인 표충사와 대광명전, 동국선원이 있는 별원 지역으로 나뉜다. 대단한 규모의 사찰이다.

남원구역에만 25개 정도의 당우가 있는데 남원구역의 출입문은 '가허루'다. 이름은 누각인데 그냥 대문이다. 갑자기 글씨의 주인공이 궁금해진다. 추사와 동시대의 인물인 서예가 창암 이삼만의 글씨라 한다. 창암은 추사의 친구로 평생 관직 없이 서예에만 집중한 후기 3대 명필이다. 서풍은 동국진체를 계승한 고전적 서예라 한다.

천불전은 솟을대문 안에 배치돼 있는데 건물이 수려하고 경쾌하다. 천불전 편액은 천은사 일주문에서 본 것처럼 역시 물 흐르듯 써나간 이광사의 글씨다. 천불은 경주에서 나는 옥돌로 깍은 것인데 배로 운반하다가 일본으로 표류하다 온 사연이 있다고 한다. '적묵당' 앞의 매화나무에 꽃이 피었는데 초의 선사가 심은 것이라 한다. '관음 33응신전'이라는 전각은 처음 본다. 중생의 기도에 응답해 33가지 형상으로 나투시므로 이름 붙인 것이라고 한다.

북원으로 향하는데 제법 넓은 도량이라는 생각이 든다. 계곡 앞에 법당으로 들어

가는 누각 '침계루' 즉 '계곡을 베개 삼았다'는 말이다. 편액 글씨를 보니 역시 이광사의 글씨다. 올려다보니 2층에 법고가 있다. 마당 저편의 대웅전은 정면5칸의 팔작지붕 건물로 처마가 수려한 건축이다. 편액은 원교의 해서 글씨인데 필획이 힘차고 역시 힘찬 기상이 보인다. 대웅전 너머 먼 산은 마치 누워있는 부처님 얼굴이라고 스님이 일러 주신다. 대웅전 왼편에는 응진당과 산신각이 한 건물에 있어 특이한 형식이다.

요사채인 백설당에 걸린 추사의 또 다른 편액 글씨 '무량수각'은 필획이 유려하고 회화적인 멋이 그득하다. 여기에 유명한 일화가 있는데 추사는 '원교는 조선의 글씨를 망친 사람'이라고 혹평하면서 제주도 유배길에 대흥사에 들려 동년배로 친하게 지냈던 초의에게 원교의 대웅보전 편액을 떼라고 했다 한다. 그런데 오랜 유배 후에는 생각이 바뀌었는지 돌아오는 길에 대흥사에 다시 들린 추사는 초의에게 '내가 전에 잘못 보았다'라고 하면서 다시 원교의 편액을 걸라고 했다고 한다. 원교처럼 오랜 세월 유배생활을 하였기에 두 천재는 서로 닮은 데가 있다. 이광사가 80년 정도 먼저 태어난 명필로 추사가 없었다면 그 이름이 더 떨쳤을 것인데 하는 생각이 든다.

발길을 별원 지역으로 옮긴다. 서산 대사의 사당이라서 3문 형식을 띤 호국문을 지나면 표충사(表忠祠)다. 정조대왕의 명으로 대사의 충절을 기려 세운 사당으로 어필 글씨가 있는 건물이라는 뜻의 '어서각' 현판이 보인다. 추사의 제자인 위당 신관호의 글씨라 한다. 당대의 명필들이 현판에 진심이었던 절이라서 현판을 보는 재미가 있다. 절에는 무염지라는 연못도 보이는데 화재에 대비한 것으로 초의 선사가

조성했다고 한다.

　대광명전은 초의 선사가 제주도에 유배되어 있던 추사의 방면을 기도하기 위해 당시 전라 사수로 있던 추사의 제자 위당 신관호의 도움을 받아 짓고 현판은 위당 신관호가 썼다 한다. 이 구역은 수행 공간이라 출입이 금지되어 있어 들어갈 수는 없다. 옆에 동국선원과 벽안당이 있는데 현판 글씨는 멀리서 봐도 독특한 추사의 글씨다.

　절이 방대하니 기행문이 길어졌다. 수많은 문인들의 체취가 서려있는 대흥사. 조선 후기 서체 전시관 같은 느낌의 기행은 다른 곳에서는 경험할 수 없는 색다름이 있었다. 사찰을 내려가기 전에 두륜산 케이블카를 타고 남해의 풍광을 만끽해 본다. 숙소로 가는 길에 벌써 남해의 낙조가 아름답다.

12편

속초 설악산 신흥사

▲ 통일청동대불좌상, 56×38cm, pen drawing on paper 신흥사의 시그니처는 거대한 청동대불이다. 108톤의 청동주물로 조성한 대불 뒤로 내원법당이 조성
되어 있어 천수천안 관세음보살상을 뵐 수 있는데 먹과 펜을 병행한 작품이다.

강원도 속초 여행길에 설악산 국립공원에 자리한 천년고찰 신흥사로 향했다. 신흥사는 대한불교 조계종 제 3교구 본사 사찰로 30여 년 전 세워진 청동대불을 보기 위해 참배객 이어지는 곳으로 설악산을 배경으로 자리 잡은 도량의 풍광만큼은 전국에서 으뜸이다.

신흥사는 국립공원 내에 위치해서 매표소를 통과해야 갈 수 있는데, 공원에 들어가면 '설악산 신흥사'라는 현판이 걸린 일주문을 지나면 오른쪽에 웅장한 규모의 '통일청동대불좌상'을 만날 수 있다. 10년 불사 끝에 1997년에 완공되었는데 높이는 14.6미터 무게 108톤의 거대한 불상으로 미리 석고로 만든 후 다시 청동 주물로 만드는 방식으로 제작했다고 하는데, 조립하는 일도 어마어마한 대공사였으리라 짐작된다. 대불의 미간의 빛나는 백호는 중생계의 무명을 찬란한 광채로 인도하는 의미라 한다.

청동대불 조성을 위해 무려 30만 명이 불사에 동참하였다 하니 많은 이들의 서원이 담긴 불상이라 하겠다. 게다가 미얀마에서 기증한 진신사리 3과를 포함하여 다라니경 등을 복장유물로 넣어 민족통일의 염원을 담았다 한다. 대불 뒤쪽으로 가보니 내원법당으로 들어갈 수 있었다. 법당 안에는 천수천안 관음보살상을 만나볼 수 있다. 신흥사의 상징과도 같은 대불의 웅장함은 가히 그림으로 담을 만 하였다. 거대한 대불의 자비로운 모습을 설경으로 그렸는데 먹을 보조수단으로 펜화로 작업하였다.

신흥사로 들어가는 다리는 세 개가 있는데 비선교, 세심교, 금강교 어디서든 접근이 가능하다. 비선 1교를 지나 2교를 통과하여 견고한 돌담길을 따라 걷다 보니 높은 기단위에 세워진 사천왕문이 나온다. 문을 지나 보제루로 가기 전에 감로수대가 보인다. 감로수대의 산뜻한 전각의 이름은 '설정각'이다. 보제루는 정면 7칸의 넓은 건물로 인조 때 세워진 맞배지붕 건물이다. 내부에는 고승 60여명의 진영이 있으며 사물이 보제루에 있어서 좀 특이하다. 법고는 지름 2미터의 비자나무에 황소 6마리 가죽으로 만든 거대한 크기인데 용머리를 한 목어도 3미터는 족히 넘어 보인

▲ 설악산 신흥사 극락보전, 74×45cm 염색한지에 pen drawing 설악산 국립공원 내에 위치한 신흥사 아미타여래를 모신 극락보전은 본 법당인데 여는 사찰에서 보기 힘든 청기와 지붕으로 건축미도 화려하다. 옆에는 명부전, 앞에는 석등이 자리한다.

다. 보제루 옆에는 2층 누각 범종루가 날렵한 처마 선을 자랑하며 아름다운 자태로 세워져 있다.

보제루를 들어서면 아미타불의 극락정토를 염원하는 극락보전이 보인다.

극락보전은 다른 절에서 보기 힘든 청기와로 되어 있어 색다른 느낌이다. 공포와 단청은 물론 화강암 기단 위에 세워진 법당으로 계단 난간에는 삼태극, 귀면 등이 조각되어 아름다운 조화를 이룬다. 법당 앞에는 유리문을 달아 조금 생소하다. 아마도 설악의 추위를 감안한 조치가 아닌가 싶다. 아무튼 법당 안에 봉안된 목조 아미타여래삼존불은 의상 대사가 만든 것이라는 설이 전하는데 아미타불을 중심으로 관음보살과 대세지보살이 협시하고 있다. 극락보전 건물의 수려함이 눈길을 사로잡아 펜화로 담기로 했다.

신흥사의 이름은 건립 이후 계속 바뀌었다 한다. 신라 진덕 여왕 때에 자장 율사가 창건하고 처음에는 '향성사(香城寺)'라 하였다한다. 창건 당시 향성사는 지금 신흥사 입구에 있는 컨싱턴 호텔 자리였으나 46년간 존속하다 화재로 소실되었다. 화재 3년 후 의상 대사가 현재 내원암 터에 중건하고 '선정사(禪定寺)'라 이름을 고쳤다. 당시 9층의 향성탑이 현재 컨싱턴 호텔 앞에 3층만 남아 향성사의 역사를 말해주고 있다.

그 후 조선 인조 때에 또 다시 화재가 발생하여 소실된 것을 현재의 터로 옮겨 중창하고 이름을 '신흥사(神興寺)'로 고쳤다고 하는데 당시 유명한 세 명의 고승이 똑같은 꿈을 꾸니 신의 계시로 절터를 점지해 짓게 되었다하여 신흥사로 하였다 한다.   신흥사는 원래 고성 건봉사의 말사였으나 한국전쟁 때 건봉사가 전소되어 본산의 기능을 할 수 없게 되었다. 건봉사를 재건했지만 민통선 이북에 있어 출입에 불편이 많아 신흥사를 현재 교구 본사로 승격시키게 되었다. 이름도 1996년 영동지방 불교를 새로 일으킨다는 서원을 담아 절 이름을 神興寺에서 '新興寺'로 바꾸었다 한다.

극락보전 좌측에 맞배지붕의 명부전이 있는데 법당 안에는 인조 때 조각 승 무염이 제작했다는 기록이 전하는데 사후세계를 관장하시는 목조지장보살좌상이 금장한 모습으로 빛난다. 옆에서 도명 존자와 무독귀왕이 협시하고 있는 모습을 볼 수 있다. 우측에 새로 세운 '영산전'은 사찰 안내도에는 표시가 없는데 최근에 세워진 듯한 맞배지붕 형식의 단아한 모습이다.

절 마당에서 바라보면 극락보전을 중심으로 사각의 전각배치를 보여준다. 좌측에 수행공간인 적묵당, 우측에 요사채인 운하당이 있어 전체적인 전각배치가 ㅁ자 모양을 이룬다. 그래서인지 절 마당이 아늑한 느낌인데 배경에는 어느 방향으로도 설악산의 봉우리들이 위치해서 산수화를 보는 듯 멋지니 혹시 예전에 신선이 살던 곳이 아닐까 하는 착각이 든다.

절을 들어오는 입구에서 왼편에 높은 담장 안에 있던 전각이 궁금증을 자아내기에 발걸음을 옮겨본다. 알아보니 '설법전'으로 승가대학으로 운영 중이라 한다. 근처에 '법검당'이라는 건물이 보이는데 기능은 선원이라 한다. 종무소 뒤편에 단청 없는 담장에 쌓인 건물은 새로 지은 '설일묵연실'이라는 선방으로 추정되는 건물도 보인다. 이러한 다양한 부속 시설들이 본사로서의 절의 위상을 보여주는 것으로 보

인다.

신흥사에는 한자와 산스크리트어로 된 경전을 적은 조선 중기 목제 경판 277개가 남아 있는데 한국전쟁 당시 1군사령부 수색대 임무를 띤 국군들이 땔감으로 써서 일부 소실되었으나 당시 이영희 중위의 제지로 그나마 전하는 것은 다행한 일이다. 그렇지 않았다면 전부 소실되었을 것이다. 의식 있는 사람들의 노력으로 문화재는 계속 보존되는 것이리라.

휴가철에 갔었기에 극락보전에서 바라보이는 케이블카를 타고 권금성에 올라 기암괴석으로 아름다운 광경에 잠시 넋을 놓아본다. 설악의 빼어난 경관 중의 하나인 울산바위는 금강산으로 가다가 눌러앉은 전설의 바위로 언제 봐도 장엄한 모습을 볼 수 있고 울산바위 가는 길에 있는 계조암 앞에는 절대 굴러 떨어지지 않는 흔들바위도 만날 수 있다. 이왕에 왔으니 울산바위도 올라가 보면 좋을 듯하다. 지금은 계단을 새로 놓아 오르기도 수월해졌다.

소공원에서 왼쪽에 다리를 건너 비룡 폭포로 가는 길에 육담 폭포를 지나 비룡 폭포를 감상하고 계단을 힘들게 올라가면 토왕성 폭포를 볼 수 있는 전망대를 만들어 놓았다. 최근 개방된 토왕성 폭포는 동양에서 세 번째로 긴 폭포라고 한다. 2단으로 길이가 300m가 넘는다. 겨울이면 빙벽등반을 하는 이들도 많이 보인다 한다.

일주문을 지나 사찰로 향하지 않고 직진하면 비선대로 가는 길이다. 길은 평탄하여 노인들도 갈수 있는 길이지만 왕복 약 8km로 2시간 30분 정도 소요된다. 비선대에 매점이 있었는데 지금은 철거를 하여 먹거리를 들고 가야 한다. 겨울에는 온통 순백색으로 변해 신선들의 세계에 발을 들여놓은 듯한 느낌이다. 이처럼 신비로운 풍경 때문인지 비선대에는 '마고선'이라는 신선이 노닐다 하늘로 승천했다는 전설이 내려온다. 비선대(飛仙臺)라는 이름도 여기서 유래됐다고 전해진다. 비선대 앞에 올려다 보이는 붉은 벽을 '적벽'이라하고 정면에 큰 봉우리를 '장군봉'이라 한다. 장군봉에는 금강굴이 있어 찾는 이들이 많다. 금강굴에서 보는 설악의 풍경도 볼만하다.

觀世音菩薩 賽弓手眞言 Om acavire svaha

2020年 慶滋 Kim yosik

13편

김천 황악산 직지사

◀ 직지사 일주문 Pen drawing on paper 28×38cm 직지사 입구의 일주문 주변의 울창한 나무들이 어우러져 비로소 산사에 들어섬을 직감하게 된다.

사명 대사의 호국의 숨결이 살아있는 대한불교 조계종 제8교구 본사 직지사의 사찰입구에는 '사명대사공원'이 조성되어 관광지로서의 위상이 훨씬 높아진 느낌이다. 본사 사찰 기행을 위해 시간을 내어 경부고속도로를 달려 추풍령을 넘어 김천인터체인지를 빠져나와 광천 삼거리에서 직지사로 향했다.

직지사는 백두대간을 따라 추풍령으로 이어져 해발 천 미터가 넘는 높은 황악산 자락에 있으며 경북 김천과 충북 영동의 경계에 위치한다. 황악산 최고봉인 비로봉을 등반하기 위해 찾는 곳이기도 하지만, 산세가 좋아 승려들의 수도처로서도 손색이 없는 곳이다. 산림이 울창하고 계곡과 폭포를 볼 수 있는 곳이기도 하고 봄에는 진달래 벚꽃이 만개하여 아름다운 사찰 풍광을 자아낸다. 직지사는 외국인들의 단기출가나 템플 스테이를 통해 전통불교 문화를 알리는 곳으로도 인기가 높다.

동국제일가람으로 불리는 직지사는 신라 눌지왕 때 당나라에 불교 유학을 다녀온 고구려 사람인 아도 화상이 신라에 불교를 도입할 것을 왕에게 간청하였으나 허락되지 않았다 한다. 이에 아도 화상은 구미에 도리사를 지고 은거하다가 '황악산에 좋은 절터가 있다'고 손가락으로 가리켰고 황악산에 다시 절을 짓게 되니 바로 직지사의 시작이라고 한다. 실제 직지사의 이름은 '직지인심 견성성불(直指人心 見性成佛)' 즉, '모든 사람이 참된 마음을 깨우치면 부처가 된다'는 경구에서 유래된 것이다. 청주 흥덕사의 '직지심체요절'과는 관련이 없다.

후삼국시대 능여 스님이 왕건을 도와 견훤을 제압하므로서 사세가 확장되었지만, 임진왜란 때 사명 대사가 크게 활약한 곳으로 왜군의 보복으로 일주문과 비로전을 제외한 40여 동이 전소되는 참화를 겪기도 했다. 1960년대부터 복원공사를 시작하여 오늘의 면모를 갖추고 있다.

직지사 경내로 가는 길은 전나무, 소나무 등 숲길을 따라 물소리를 들으며 계곡의 경치를 구경하다 보면 자연스럽게 일주문에 도착한다. 일주문은 천년이 넘은 역사를 가진 절의 산문이다. 이어서 대양문, 금강문, 천왕문을 거쳐 본당으로 가는 2층 누각 만세루도 솔숲에 묻혀 운치를 더한다. 만세루를 지나가면 실제 사찰의 경내도 굉장히 넓다는 걸 발견한다.

▲ 직지사 대웅전과 동서삼층 석탑. pen drawing on korean paper, 74×50cm 염색한지에 펜으로 그린 작품으로 대웅보전과 좌우로 삼층 석탑을 담았다. 원래 탑은 3기인데 하나는 다른 쪽에 있다. 모두 문경 도천사에서 옮겨 온 것이다.

왜란 때 소실된 대웅전은 당초에는 2층의 5칸의 대웅광명전으로 석가모니불과 비로자나불을 함께 모신 전각이었다 하나 지금의 전각은 영조 때 중건된 후 석가모니불, 약사불, 아미타불의 삼존불이 모셔진 대웅전이다. 3점의 후불탱화는 건물과 함께 보물로 지정된 문화재라 한다. 게다가 내부에는 불보살도 등 다양한 채색벽화로 가득하다. 대웅전 앞에는 동서로 보물로 지정된 단층 기단의 삼층 석탑이 자리하고 있는데 이는 문경 도천사에서 가져온 것이다.

직지사 비로전은 정면 7칸 맞배지붕의 긴 건물이다. 건물 내부에는 천개의 불상이 모셔져 있는데 벌거숭이 동자상이 하나 있다. 이 불상을 찾으면 아들을 낳는다는 설이 있으니 소원이 있는 사람은 찾아가 빌어보는 것도 좋을 것 같다. 비로전 앞엔 500년 넘은 측백나무가 자리하고 있어 운치를 더한다. 도천사 탑은 3기를 모셔왔는데 1기는 비로전 앞에 있다.

직지사는 행자교육원이 있는 곳으로 스님들을 배출하는 교육기관으로 초발심을 일으킨 행자들의 교육을 담당하는 수행처이기도 하다. 사미, 사미니계를 받고자 하는 초발심 자들을 교육하고 계를 수계하는 사찰이기도 하다. 사미, 사미니계를 받고 나야 강원이나 선방에서 수행할 수가 있다.

특별히 직지사에는 이절에서 15년간 수행한 사명 대사가 호국 애민의 정신으로 승병장으로 이름을 날린 빛나는 업적을 기리기 위해 사명 대사의 영정을 모신 '사명각'이 있다. 지역적인 자부심도 대단하여 직지사 입구에 조성한 사명대사공원에는 목조 5층 평화의 탑은 매우 큰 규모여시 그 위용이 대단하고 찾는 관광객도 많다.

직지사는 템플스테이를 위한 최신식 시설을 갖추고 있는데 만덕전은 무려 500여명을 수용할 수 있다고 한다. 불교 예절뿐 아니라 탁본 등도 경험하고 교육하시는 스님들이 문화재를 직접 설명하고 토론하는 좋은 프로그램을 운영하는 곳이다.

직지사 주변에는 높은 산을 끼고 있다는 점 때문에 나물이 그득한 산채요리집도 40여 곳이나 성업 중이니 들러 보는 것도 여행의 참맛이다.

14편

김제 모악산 금산사

· · · · · ·

▲ 전북 김제 금산사 미륵전 pen drawing on paper 33×24cm 유일한 목조 중층 3층 전각의 미륵전에는 3개의 현판이 걸려 있어 의미가 있고, 전각에는 거대한 미륵불 입상이 모셔져 있다.

순창 여행가는 길에 김제에서 방향을 잘못 잡았는데 모악산 금산사 표지가 나오는 길로 잘못 접어들게 되었는데 기왕이면 기행을 하고 가자는 생각이 들어 우연히 취재하게 됐다. 마치 반드시 들르라는 인연처럼 느껴졌다. 백제의 숨결이 숨 쉬는 천년고찰로 조계종 제17교구 본사 김제 모악산 금산사는 미륵부처님이 상주하는 절이다.

금산사는 대중교통 KTX로 전주역에서 출발하는 79번 버스로 1시간 정도 걸리는 위치에 있다. 개화문을 지나 산책로를 걸어서 가면 잔디광장을 지나 '모악산 금산사'라는 현판을 단 일주문이 나온다. 템플스테이 교육장을 지나 금산천 계곡 건너편에 다리를 건너면 벚꽃이 화창한 경내의 건물들이 보이는데 주차장에서 약 15분 정도 걸어야 한다.

대개 사찰이 그런 것처럼 천왕문 지나고 진입 누각을 거쳐 들어서도록 동선이 배치돼 있고 주 불전을 중심으로 주요 전각들이 마당을 에워싸고 있는데 이 절 중심 영역도 대적광전과 미륵전 마당이다. 비로자나불을 본존불로 모신 금산사 주 불전 대적광전 역시 남향으로 마당을 내려다보는 정면 중앙에 위치해 있지만 금산사의 주인공은 마당 오른쪽 한 켠을 지키는 미륵전이다

금산사는 백제 법왕 때 왕의 복을 비는 사찰로 처음 지었다가 통일신라 혜공왕 때 진표 율사가 크게 일으키면서 미륵전을 지었다고 전해온다. 후백제 멸망의 역사도 가지고 있는데 견훤이 아들들에 의해 유폐돼 패망을 지켜봐야 했던 곳이기도 하

다. 금산사가 의승장 처영 대사가 의병을 일으킨 본거지였기에 왜군이 정유재란 때 금강문만 남기고 모든 전각을 불태워 보복하는 바람에 인조 때 다시 지은 이래 여러 차례 수리를 거쳐 오늘에 이른다.

미륵전은 현존하는 문화재 중 흔치 않은 3층의 대불전으로 외관은 3층이나 내부는 단층으로 되어 있는 팔작지붕의 건물로 국보로 지정된 문화재다. 속리산 법주사에 5층 팔상전이, 화순 쌍봉사에 3층 대웅전이 있지만 둘 다 목탑구조로 세운 탑파식인 것과 달리 미륵전은 제대로 규모 있게 지은 목조 기와집이어서 옛 절과 궁궐 전통 건축을 통틀어 유일한 삼층 건물이라는 독보적 지위를 건축사에서 차지한다.

웅장한 삼층 전각답게 층마다 다른 전각 이름이 편액으로 걸려 있어 궁금증을 자아낸다. 3층에는 '미륵전'이라는 편액이 걸려있는데 누구의 솜씨인지 알 수 없으나 한석봉 체로 우람하고 힘차게 쓴 글씨가 눈에 띈다. 큰 글씨가 어려운데 대단한 솜씨의 서예가의 작품이라고 여겨진다.

2층은 예서체 '용화지회'가 걸려 있는데 미륵불은 56억7천만 년 뒤 도솔천에서 내려와 용화수 아래서 성도한 뒤 세 차례 설법으로 중생을 구제한다는 미래불로, 그러니까 용화지회란 용화나무 아래 설법자리를 뜻하고 미륵전이 바로 그곳이라는 의미이다. 글씨는 구한말 근대 명필 김돈희 솜씨라 한다.

1층은 '대자보전'이 걸려 있는데 미륵은 범어 이름 '마이트레야'를 중국이 한자로 차음한 이름이고, 자애롭다는 뜻으로 붙인 한자명이 자존(慈尊)이어서 '대자보전'이라는 전각 이름을 붙인 것이라 한다. 명필 원교 이광사를 연상시키는 유려한 행서체 글씨가 완숙한 대가의 기량을 뽐내고 있다. 정읍이 낳은 명필, 김진민 여사가 스물

세 살 무렵 1935년쯤에 남긴 작품이다. 1층 편액을 쓴 김민진은 정읍 태인면 갑부였던 가산 김수권의 무남독녀로 태어났다. 아버지가 서화를 사랑해 이당 김은호, 성당 김돈희 같은 당대 대가들이 집에 드나들었고 아홉 살에 근대 명필 성당 김돈희의 가르침을 받으며 서예를 익혀 일찌감치 신동으로 소문났고 열두 살에 일제강점기 조선미술전람회에 입선한 뒤 여러 차례 특선을 한 천재 서예가의 또 다른 작품이 금산사 미륵전 편액이라는 걸 알면 다시 한번 놀라게 된다. 스승의 미륵전 '용화지회' 글씨 아래, 스승보다 더 좋은 자리에 제자의 작품을 남겼다는 것도 재미있다.

▲ 전북 김제 금산사 금강계단 pen drawing on paper 37×28cm 통도사에서 본적이 있는 형식이다. 정사각형의 석조형 제단 중심에 석종을 세워 놓은 것으로 승려들에게 계를 주는 장소라 한다.

미륵전의 우측 높은 곳에 통일신라시대 형식의 오층 석탑이 있어 예사롭지 않은 고전미를 느낄 수 있다. 통도사처럼 진신사리를 모신 '방등계단'이라 불리는 금강계단이 있는데 고려 때 조성된 것이라 한다. 정사각형의 석조형 제단 중심에 종탑 모양의 석종을 세워 놓은 것으로 승려들에게 계를 주는 장소라 한다. 성스러운 공간을 공간적 느낌 그대로 현장 스케치 스타일의 펜화로 그렸다.

금산사 입구를 되돌아 나오며 바라본 아름드리 벚나무 가로수길이 참으로 아름답고 기억에 오래 남는다. 다리 건너 '산중다원'에서부터 금산사의 아름다운 길이 시작하니 여유 있게 차 한 잔하고 걷는 것도 좋다. 여기까지 왔다면 모악산 등반도 추천할 만하다. 여러 코스로 이루어져 있는데 대부분 정상까지 2시간 정도 소요된다. 김제가 너른 평야를 끼고 있어 비옥하기 때문인지 인근지역에 대순진리회, 원불교 원평교당 및 원평성당, 수류성당 등 각종 종교의 중심지가 모여 있어 자못 흥미롭다.

15편

경주 불국사

▲ 불국사 청운교 백운교 pen drawing on paper , 33×24cm 초기 불국사는 주변이 해자로 구성되어 성의 형태를 띠는데 계단 아래 홍예는 물길이 흐르는 구역임을 암시해 준다.

　　호국사찰로 이상적인 불국정토의 전형을 보여주는 대한불교 조계종 11교구 본사 불국사는 불교 건축의 백미를 보여주는 곳이며, 유네스코 문화유산에 등재된 우리나라 대표 건축 문화재로 국보와 보물이 많은 사찰이다.

　　천년고도 신라 수도 경주는 수학여행은 물론 가족여행도 수차례 갔던 곳이다. 가족과 함께 경주여행을 가게 되었는데 숙박 후 출발하려는데 아침부터 눈이 오고 있었다. 경주 시내는 흔치 않은 일이었는지 미처 염화칼슘을 뿌리지 못해 교통 혼잡이 대단했지만 무사히 불국사에 도착했다. 입구에 들어서면 반야연지라는 연못을 지나 천왕문을 지나고 바로 아름다운 계단으로 조성된 불국사를 만난다.

　　창건 유래는 여러 가지 설이 있고 751년에 역사상 가장 위대한 건축가 김대성의 발원으로 창건하였다고 전해지지만 실제로는 이차돈이 순교한 이듬해인 528년에 법흥왕의 어머니 영제 부인과 기윤 부인이 이 절을 창건하고 비구니가 되었다는 기록과 574년 진흥왕의 어머니인 지소 부인이 이 절을 중창하고 승려들을 득도하게 하였다는 내용과 대웅전에 봉안되어 있는 불상의 복장기에서 이 불상들이 681년에 낙성되었다고 하였으므로 김대성이 중창할 당시에 불국사는 이미 존재하는 사찰이었음을 알 수 있다.

　　그럼에도 불국사가 대찰이 된 것은 김대성에 의해 이루어졌음을 삼국유사에서 확인할 수 있다. 그러나 이 절은 그가 생애를 마칠 때까지 설계도대로 완공을 보지 못하였으며, 그 뒤 국가에서 완성시켰다고 보여 진다. 여러 차례의 중수에도 불구하고 폐허로 변한 이 절은 고 박정희 대통령의 발원으로 대복원 공사를 진행 1973년 준공하여 지금의 위용을 갖추었다. 당시까지 유지로만 남아 있던 무설전, 관음전, 비로전, 경루, 회랑 등은 이때 복원되었고, 대웅전, 극락전, 범영루, 자하문 등을 새롭게 단청하여 오늘에 이르고 있다

불국사는 신라인이 그리던 불국, 이상적인 피안의 세계를 옮겨놓은 것이다. 불국을 향한 신라인의 염원은 세 가지 양상으로 이곳에 나타나 있다. 하나는 『법화경』에

空舟杷鋤頭
步行騎水牛
人從橋上過
獨漂海隔水
虛虛幡嘉岸

▲ 자하문과 석단, pen drawing on canvas 53×45cm 불국사의 대표적인 시그니처 뷰로 신라시대 건설된 석단은 원형 그대로 보존된 것이다. 두 번에 걸쳐 작업을 하였고 이 작품은 지아트 갤러리에 기증되었다.

근거한 석가모니불의 사바세계이고, 다른 하나는『무량수경』에 근거한 아미타불의 극락세계이며, 또 다른 하나는『화엄경』에 근거한 비로자나불의 연화장세계이다.

　　불국사의 경내는 석단으로 구분된 독특한 가람배치가 특징이다. 이 석단은 그 아래와 위의 세계가 전혀 다르다는 것을 나타내는 의미를 가지고 있다. 석단의 위는 부처님의 나라인 불국이고, 그 밑은 아직 거기에 이르지 못한 범부의 세계를 나타낸다고 볼 수 있다. 석단의 멋은 소박하게 쌓아 올린 거대한 돌의 자연미에 있다고 여겨진다. 석단에 홍예가 건설된 것으로 보아 성곽처럼 물이 흐르는 해자가 있었다는 것이 명확해진다. 수학여행의 단체 사진을 찍는 포토존이기도 한데 여기서 펜화로 추억을 담아 보았다.

　　크고 작은 돌을 함께 섞어 변화도 있고 굵은 돌기둥과 돌띠로 둘러 견고함과 질서를 유지하고 있다. 석단은 불국세계의 높이를 상징함과 동시에 그 세계의 반석 같은 굳셈을 상징하는 것이기도 하다. 그 두 모퉁이 위에는 경루와 종루를 만들어서 한없이 높은 하늘을 향하여 번져가는 묘음의 위력을 나타내었다.

　　이 석단은 석가모니불의 불국 세계인 대웅전을 향하는 자하문 계단 청운교, 백운교와 아미타불의 극락전을 향하는 안양문 계단 연화교, 칠보교의 두 쌍의 다리가 놓여 있어 아름다움을 더한다. 청운교, 백운교는 33계단으로 되어 있는데, 33계단은 33천(天)을 상징하는 것이다. '자하문'이란 붉은 안개가 서린 문이라는 뜻이다. 이 자하문을 통과하면 세속의 무지와 속박을 떠나서 부처님의 세계가 눈앞에 펼쳐진다는 것을 상징하고 있다. 부처님의 몸을 '자금광신'이라고도 하므로 불신에서 발하

▲ 다보탑 pen drawing on paper, 커피염색 56×38cm 동전에도 채용될 정도로 유명한 탑으로 영원한 법신불 다보여래를 상징하는 탑으로 독특함은 가히 최고의 예술품이다.

는 자주빛을 띤 금색 광명이 다리 위를 안개처럼 서리고 있다는 뜻에서 '자하문'이
라 한 것이다.

자하문의 좌우에 있는 회랑은 복원 때에 좌경루와 더불어 옛 모습을 찾았다. 이
회랑은 대웅전의 옆문과 통하게 되어 있는데, 회랑의 구조는 궁중의 것과 비슷하
다. 국왕은 세간의 왕이요, 불은 출세간의 대법왕이라는 뜻에서 대웅전을 중심으로
동서회랑을 건립하는 수법이 생긴 것이라고 여겨진다. 그래서 참배객은 정면 문으
로 출입하지 않고, 이 회랑을 통하여 대웅전으로 나가게 배치된 것이라 한다.

대웅전 앞의 삼층 석탑인 석가탑과 다보탑은 불국사의 사상 및 예술의 정수이다.
다보탑은 법화경에 근거하여 세워진 이 탑들은 영원한 법신불인 다보여래와 화신
불인 석가모니불이 이곳에 상주한다는 깊은 상징성을 가진 탑으로서, 불교의 이념
을 이 땅에 구현시키고자 노력한 신라 민족혼의 결정이기도 하다.

석가탑은 다보탑의 화려함에 밀리기는 하지만 신라 탑 양식의 전형으로 이후의
탑은 모두 석가탑을 기본형으로 하고 있는 원조 탑이기도 하다. 상륜부의 앙화까지
가 원형이고 그 이상은 후에 보완한 것이라 한다.

석가탑에 얽힌 설화가 전하는데 입구의 영지가 바로 신라시대 아사달과 아사녀
의 애달픈 사연이 전해져 내려오는 곳이다. 불국사 대웅전 앞 두 탑 중 서쪽에 있
는 석가탑(무영탑)에 얽힌 사연이 기구하다. 아사달은 백제 사람으로 석가탑을 건립
하고자 김대성에 의해 신라로 초대되어 왔다. 석가탑을 완성하는 동안 사찰에서 기
거하고 밖의 출입을 일체 삼갔다고 한다. 아사녀는 사랑하는 사람을 볼 수 없어 아

사달을 보기 위해 경주에 왔다고 한다. 그러나 탑이 완성되기 전에는 볼 수 없음을 알고 무작정 탑이 완공되기만을 기다렸다. 간절한 마음에 스님께 탑이 언제 완공이 되느냐 물으니 저 호수에 탑이 비치면 완공된 것이라고 했다고 한다. 아사녀는 호수에 탑이 비치기만을 기다리다 사랑하는 아사달을 만나지도 못하고 호수에 몸을 던졌다고 한다. 그래서 석가탑을 호수에 비치지 않는 탑이라는 뜻으로 무영탑이라고 한다.

대웅전은 석가모니부처님의 불국토를 표현하는 일곽의 중심을 이룬다. 현존하는 건물은 영조 때에 중창된 것이나, 그 초석과 석단 등은 대체로 신라의 원형을 유지하고 있다. 이 대웅전 안에는 목조석가삼존불이 안치되어 있다. 석가모니불을 중심으로 좌우에 미륵보살과 갈라보살이 협시하고 있으며, 다시 그 좌우에 흙으로 빚은 가섭과 아난의 두 제자상이 모셔져 있다.

연화교, 칠보교를 올라 '안양문'을 지나면 극락전에 이른다. 아미타불이 있는 서방의 극락정토를 상징하는 곳이다. 극락전을 중심으로 하는 극락전 구역도 대웅전 구역처럼 회랑으로 구획되어 있다. 안양은 극락의 다른 이름이며, 안양문은 극락세계로 들어가는 문이라는 뜻이다. 안양문을 넘어서면 극락전에 이른다.

견고한 석단 위에 목조로 세워진 극락전에는 재미난 에피소드가 전한다. 극락전 현판 뒤에 50센티미터 길이의 나무 조각 황금돼지를 관광객이 우연히 발견하면서 복을 준다는 이야기가 전해지며 찾는 관광객이 늘고 있다. 중수과정에서 한 스님이 숨겼다는 설이 있을 뿐 경위는 알 길이 없다. 극락전 안의 금동아미타여래좌상은 국보로 지정된 국가 문화재이다.

극락전에서 대웅전으로 통하여 올라가는 길에는 3열로 지어 쌓은 계단이 있다. 그 각각은 16계단이어서 모두 합하면 48계단이 된다. 이것은 아미타불의 48원(願)을 상징한 것이라 한다.

대웅전 바로 뒤에 있는 무설전은 불국사의 여러 건물 가운데 제일 먼저 만들어진 건물이지만 일제시대 허물어진 채 방치되었다가 복원한 건물이다. 경론을 강술하는 장소이므로 아무런 불상도 봉안하지 않고 설법을 위한 강당으로서만 사용하였으며, 무설전이라고 이름 붙인 까닭은 진리의 본질이 말을 통하여 드러나는 것이 아님을 지적한 것이다.

무설전 뒤의 한층 높은 언덕에 관음전이 있는데 원래 이 관음전 안에는 관세음보살상이 안치되어 있었다고 전하나 조선 중엽 이후 사라지고 없어 복원 때 새로 조성한 관음입상을 봉안하고 있다.

관음전 아래 단의 높이에 복원한 '비로전'에는 금동비로자나불좌상을 봉안하고 있다. 이곳에 비로자나불을 모신 전각을 따로 건립한 것은 『화엄경』에 의한 신앙의 흐름이 불국사의 성역 안에 자리 잡게 되었음을 의미한다.

너무 볼거리가 많은 불국사를 취재로 찾게 되면서 관광객이 아닌 의미를 찾는 기행이 되었다. 불국사를 처음 지을 때 토함산 일대에는 일곱 개의 암자가 있었다고 하는데 지금은 석굴암만이 보존된 암자이다. 석굴암은 불국사에서 걸으면 약 60분, 차로 20분이나 소요된다. 다음 취재를 위해 발걸음을 석굴암으로 돌려본다.

경주 토함산 석굴암

▲ 석굴암 본존불 상호, pen drawing on canvas 53×45cm 캔바스에 먹과 붓으로 원을 그린 것은 불이(不二) 또는 우주 만유의 본원 막힘이 없는 법 일원상을 의미한다.

불국사 취재를 마치고 석굴암으로 향했다. 토함산에 있는 석굴암은 한국을 대표하는 석굴사원으로 불교 문화재의 걸작이자 국보로 현대에 그 예술성과 가치를 인정받아서, 불국사와 함께 유네스코 세계문화유산으로 동시에 지정된 우리의 자랑이다. 외국의 석굴은 천연동굴을 이용하거나 굴을 파서 만든 것과는 다른 방식으로 수백 개의 화강암을 다듬어서 조립하듯 쌓아 올린 석조 건축물이기에 선조들의 설계 능력에 감탄하게 된다.

예전에 왔을 때는 자유스럽게 관람했지만 이제는 보존의 중요성을 감안하여 관람 시 실제 석굴 안으로는 들어갈 수 없으며 유리 차단막이 설치된 통로 밖에서 지나가면서 보는 것만 가능하다. 안타깝지만 습기와 바람에 따른 문화재 훼손을 막기 위해 내부에는 현대 과학의 산물인 공기 순환 설비가 돌아가고 있다. 매년 단 하루 부처님 오신 날에만 예외적으로 차단막 안으로 들어가 옛날 신라인들이 했던 것처럼 본존불 주변을 한 바퀴 돌 수 있다. 이마저도 내부에선 사진 촬영은 금지되었다.

한국 불교미술사의 석불에서 최고의 조각으로 꼽히는 본존불상은 아름다움의 극치를 보여줄 뿐 아니라 과거의 놀라운 석조기술을 보여주는 걸작이다. 본존불은 인도 보드가야의 정각상의 모습이 반영되었으면서도 신라화 된 모습을 보여주는 조형적으로 완벽한 불상이다. 불상의 표정은 자비롭다기보다는 왕을 연상케 하듯 3m 45cm 규모로 큰 편으로 근엄하고 건장하며 남성적인 느낌이 강하다. 모습은 달리 보면 왕권의 상징으로 보이기도 한다. 놀라운 발견은 실제 비율보다는 관람자의 시선을 감안해 원근법을 활용하여 몸에 비해 얼굴이 큰 편이고, 뒤쪽 지붕에 조각된 광배(후광)도 실제로는 약간 위 아래로 긴 타원형이라는 점이다. 여기서 놀라운 점은 올려다보는 시선에서는 똑바른 원으로 보이는 원리를 차용했다는 사실이다. 단순한 작업이 아닌 예술품을 만든 것이다.

석굴암 조성에서 경이로운 것은 화강암(모스 경도 6)이 유럽의 대리석(모스 경도3)에 비해 강해 다루기 어렵기에 결이 없어 쪼개기도 어려워서 석공의 높은 기술력이 필요했다는 점이다. 당시 서양의 석상에 비해 세밀한 표현이 없는 것은 조각 난이도가 매우 높아 가공이 힘든 화강암이기 때문이며 이 정도로 조각한 것도 놀라운 일일 수밖에 없다. 놀랍게도 여태까지 석굴암 천정을 올려다본 적이 없는데 둥근 돔 양식은 아직 과학적으로도 증명할 수 없는 구조로 신라인들의 선지가 깨어 있음을 알 수 있다. 로마의 성당에서 온 것으로 보이는 돔 양식은 문화의 바람을 타고 한반도의 남쪽까지 왔다는 데 놀라울 뿐이다. 위의 10개의 감실에도 문수보살, 유마거사 등 다양한 석상들이 있다는 걸 이번에 알았다.

안타깝게도 석굴암은 조선시대 이후 제대로 관리되지 않아 천정이 허물어지기에 이르렀는데 일제시대에는 유럽과 마찬가지로 일본 제국주의 시대에는 문화재 조사와 복원이 시대 조류였는지 조선의 문화재 조사와 복원하는데 심혈을 기울였다. 심지어는 철거 해체하여 다른 곳으로 옮겨 복원하려던 계획도 있었으나 무게로 인하여 포기된 적도 있었다 한다. 문화재 복원의 명목으로 진행된 석굴암 지붕의 해체 후 재조립하는 과정에서 시멘트를 사용하면서 습기가 차는 문제가 발생했다. 철저하게 설계에 의해 축조된 석조 건축물을 철거과정의 사진이나 스케치도 없었으니

조립과정에서 완전하게 설치하지 못해 현재도 부재가 남아있게 된 것이라고 여겨진다. 당초의 모습에 대한 기록이 없으니 완벽한 원형은 아무도 모르는 상황이다. 전문가 조사에 의하면 석굴 평면의 기하학적 배치가 매우 수학적이라 하는데 선조들의 설계기술에 경탄을 금하게 된다.

보수 당시에는 시멘트에서 나오는 탄산가스(CO_2)와 칼슘(Ca)이 화강암 벽을 손상시킨다는 지식은 없었을 것이다. 근래에는 시멘트의 단점을 잘 알기 때문에 외국에서 시멘트로 미술관이나 박물관을 건설했다면, 적어도 건물이 준공된 후 한참 동안은 작품을 전시하지 않는다고 하는데 당대에는 대부분은 이걸 알 리가 없었다. 또한 공사를 주도한 일본의 감독자들이 채용한 인력은 석공 전문가가 아니라 철도를 놓던 토목공사 전문가였던 것도 문제였다. 당연히 석굴암에 의도된 설계를 제대로 파악할 수 없었고, 이들이 방습을 위해 도입한 조치가 오히려 더 많은 문제를 일으킨 것이다.

석굴암은 지하수 샘물이 솟아나는 암반 위에 있는데, 이것은 냉각 기능을 하는 아주 중요한 설계였다는 연구가 있다. 수분은 작은 온도 차이만 있어도 차가운 쪽에 결로 현상이 일어나므로 샘물로 석굴암 바닥을 냉각해 일부러 바닥에 결로를 일으켜 조각상에 습기가 맺히는 것을 억제하고 바닥으로 습기를 배출하게 한 것으로 보이는데 이런 과학적 지혜를 선조들은 이미 알고 있었던 것이었을까?

석굴암의 본존불이 바라보는 방향은 동지 때 해가 뜨는 방향에 더 가깝다. 반면 석굴의 방향이 동짓날 일출 지점이고 동해의 아침 햇살을 본존불 백호에 맞추려는 거룩한 의도로 석굴이 지어졌다는 설에 설득당하고 싶다. 김대성의 발원으로 지어

졌으니 항마촉지인을 하고 있음에도 아미타여래라는 주장이 있으나 본존불 주변에 있는 10대제자상으로 볼 때 근거가 약하다. 또한 본존불 앞 석실 통로에는 판석에 부조(돌을새김)로 새긴 십일면관세음보살상이 있는데, 중국 보경사 11면 관음과 상당히 유사하다고 한다. 불교는 인도에서 중국으로 다시 한반도로 왔으니 분명 문화적으로 경험한 석공들에 의해 이루어 졌으리라. 보살의 상호는 자비롭고 오른손은 영락을 잡고 있고, 왼손에는 연꽃을 꽂은 정병을 가지고 있는데 병은 소원성취를 의미한다고 한다. 이 십일면관음상은 부드러운 부피감, 유연한 곡선, 화려한 영락 등 세련되고 사실적인 형태미를 보여준다. 보살의 머리에 특히 열한 가지의 아미타불의 얼굴 모습을 나타내어 여러 가지 방법으로 중생들을 구제하고자 하는 것이다. 정면에 세 얼굴, 왼쪽에 세 얼굴, 오른쪽에 세 얼굴, 뒷면에 한 얼굴, 정상에 한 얼굴 등 모두 11면을 가지고 있다. 이처럼 다양한 얼굴 표정으로 여러 가지 마음을 가지고 있는 사람들을 적절히 구제하는 모습이다. 필자가 보기에 어느 사찰의 관음상보다 우아하고 가장 아름다운 작품이라고 생각한다. 정으로 쪼는 석공의 마음으로 한 땀 한 땀 펜화로 표현해 보았는데, 돌에 새긴 그림은 답답할 수 있으니 빛이 들어오는 방향은 여백으로 두어 시원함을 주어봤다.

현재 우리는 수학에서 10진법을 사용하고 있다. 석굴암 비례는 10진법으로는 해법을 찾을 수 없다. 선조들의 기술은 그 이상의 진법으로 만들어졌기 때문이다. 그 법을 알지 못하기 때문에 훼손되면 똑같이 복원할 수가 없다. 그만큼 선조들의 기술이 뛰어나다는 것을 알 수 있다.

十一面觀世音菩薩隨願卽得多羅尼眞言 ㄲㅈㅈㄲㄲㄲㄲㄲㄲㄲ

慶州石窟庵十一面觀世音菩薩 二○○三年 庚辰 金劉植

▶ 석굴암 십일면관세음보살 부조상 pen drawing on paper 56×40cm, 우측에 산스크리트어로 옴 마하 가로니카 스바하 라는 주문을 적었다. 십일면 관음보살 수원즉득 다라니 진언(불교주문)은 발원한 즉시 도를 얻는다는 말로 산스크리트어로 '옴 마하 가로니가 스바하'이다. 옴은 통상 주문의 시작이고 마하 가로니가는 대비大悲를 가지신 분을 위하여/ 대비의 마음가짐을 위하여 라는 뜻이고 샤(스)바하는 맺음말로 아멘과 같은 의미이다. 관세음은 세상 사람이 보살을 부르는 음성을 잘 관찰하여 들으시고 구제를 하여주신다는 뜻이다

지금 현대 과학으로도 습기에 의한 부식 문제를 환풍기에 의존하여 임시 해결하였지만 그나마 습기에 의한 부식을 막기 위한 보존 노력에 감사하면서도 더 이상의 훼손 없이 길이 보존하는 길은 없는 것일까 하는 복잡한 마음으로 석굴암을 왔던 길을 다시 내려가며 선조들의 놀라운 기술력이 다시 한번 경이롭다는 생각이 떠나질 않았다. 법과 진리 그 자체인 석가모니불의 모습을 구현한 석굴암의 다양한 석상들에서 불법의 오묘한 가르침을 이렇게 놀라운 기술로 표현해 내다니….

◀ 본존불 상호, pendrawung on hanji, 28×38cm

17편

화성 용주사

▲ 용주사 천불전 pen drawing on Hanji 45×38cm 천불전이 있는 풍경을 한지에 펜과 먹으로 담았다.

　그림을 그리러 사생을 갔던 기억이 있던 용주사를 본사 취재 기행을 위해 다시 찾았다. 정조의 효심을 읽을 수 있는 융건릉의 원찰로 조성된 대한불교 조계종 제2교구 본사 화성 용주사는 궁궐의 형식이 도입되어 다소 이채로운 사찰이다.

　경기 화성에 위치한 용주사는 정조가 아버지 사도세자와 혜경궁 홍씨를 모시기 위해 지은 융건릉 근처에 있다. 대중교통을 이용하면 우선 수도권 전철 1호선의 수원역과 병점역에서 버스로 갈 수 있어 차 없이도 갈 수 있는 곳이다. 여느 절이라면 세속과 절의 경계를 나타내는 일주문이 있어야 하지만, 용주사에는 원래 일주문과 사천왕문이 없었다. 지금은 홍살문을 지나서 사천왕문이 최근에 세워졌다. 다른 절에는 찾기 힘든 요소로, 특이하게도 국가에서 효심이 지극한 인물에게나 내렸던 홍살문이 있는 이유는 사도세자와 정조의 위패를 모신 능침사찰이기 때문이다.

　본래 이곳은 신라 문성왕 때 지은 '갈양사'가 병자호란 때 불탄 후 폐사지가 되었던 곳이었는데, 정조가 사도세자의 무덤을 이장할 때 무덤을 돌보는 '능침사찰'로 용주사를 이 자리에 창건하였다고 전해진다. 정조는 현재의 수원 화성을 조성하고 사도세자의 묘를 새로 조성하여 현륭원(지금은 융릉과 건릉을 합쳐 융건릉이라 부름)이라 이름 붙였다. 일반적으로 절을 창건할 때에는 승려들이 시주받아 승려 장인들이 건축을 전적으로 담당하였지만, 정조가 직접 명하여 국가 공사로 불사가 이루어졌기에 조선시대에는 상당히 이례적인 일이다.

　용주사의 기능을 '능침사찰'이라는 의미로 '조포사'라고도 하는데 이는 왕릉이나 원에 딸려 제사에 쓰는 두부를 만드는 절이란 뜻이다. 성종 선릉에 딸린 봉은사와 세조 광릉에 딸린 봉선사도 같은 기능을 가진 절이다.

용주사라는 명칭은 창건에 관한 전설에서 연유한다. 절 건물이 낙성되던 날 밤에 정조가 꿈을 꾸었는데, 용이 입에 구슬을 물고 하늘로 승천했다고 한다. 정조는 왕이 되지 못하고 구천을 떠돌던 아버지가 비로소 한을 풀었다고 생각하고, 절 이름을 용 용(龍) 자에 구슬 주(珠) 자를 써서 '용주사(龍珠寺)'라고 지었다 한다.

하지만 최근에 융건릉과 용주사를 연결하는 지역의 산과 토지가 택지개발로 훼손되고 있는 모습을 볼 때 문화재보존 의식 없이 마구잡이로 개발되는 모습이어서 안타까웠다. 게다가 2020년 8월 호성전에서 화재가 발생하여 전소되는 안타까운 일이 있기도 했다. 이 호성전은 사도세자, 정조, 혜경궁 홍씨, 효의왕후 김 씨의 위

▲ 용주사 대웅전

패를 봉안하던 곳이었지만, 인명피해는 없었고 위패들은 복제품을 전시했었기에 다행히 진품 위패들은 피해를 입지 않아 다행이었다. 위패의 진품들은 용주사 내 효행박물관에 보관 중이었고 정조의 위패는 전시를 위해서 불교중앙박물관에 있었기 때문이다. 호성전 앞에는 '부모은중경탑'이 독특한 모습으로 많은 이들이 기도를 드리는 모습이 눈에 띤다.

홍살문을 지나 만나는 삼문 역시 궁궐 양식으로 문이 3개가 있다고 해서 삼문이라 부른다. 대웅전 앞에는 돌길이 조성되어 있는데 역시 다른 절에서 찾아보기 힘든 것으로, 마치 궁궐에 있는 어도를 연상케 한다.

삼문 안쪽에는 5층 석탑이 세워져 있고 법당으로 가는 누각인 '천보루'가 보인다. 역시 천보루에도 궁궐 형식이 보인다. 목조기둥 아래에 높은 돌로 만들어진 석조기둥을 볼 수 있는데, 경회루 등 궁궐에서 볼 수 있는 모습이다. 또한 천보루 좌우로 회랑을 만들어 대웅전을 호위하는 형식도 궁궐에서 볼 수 있는 모습이다. 천보루는 창건 당시에 지어진 건물로 1층 돌기둥 옆의 공간을 다른 용도로 쓰도록 한 것은 나중에 바꾼 것이라 한다.

대웅보전은 정면3칸으로 크지 않은 편이지만 화려한 공포와 팔작지붕에 수려한 처마선이 돋보이는 조선 후기 건축의 특징을 보인다. 게다가 자연석이 아니라 다듬어진 장대석을 기둥 밑에 두어 초석으로 삼았는데 이것도 격식 있는 형식에 속한다. 그 외에도 연화무늬 대신 삼태극 등 무늬를 쓴 모습이나 지붕에 작은 용두를 올린 것은 왕실의 원찰인 경우에 보이는 요소들이다.

   법당 안에는 정조가 아버지를 위해 지은 절답게 장려한 감로탱화(용주사 대웅전 후불탱화)에는 "자궁저하 수만세(慈宮邸下 壽萬歲)"라는 글귀가 있는데, 여기서 자궁(慈宮)이란 임금의 어머니를 뜻한다. 따라서 "자궁저하 수만세"는 '임금님의 어머니께선 만수무강하십시오.'라는 뜻이다. 정조는 용주사를 통하여 죽은 아버지의 명복과 살아계신 어머니의 만수무강을 동시에 빈 것이다. 천불전을 포함해서 전각들 마다 회랑에 둘러싸여 있어 다른 사찰들과는 전혀 다른 느낌을 준다.

   천불전 뒤편에는 용주사의 정신적 지주이자 수덕사의 만공 월면 선사의 법맥을 이어 선종의 77대 법맥을 이으셔서 한국불교의 큰 스승으로 불리신 전강 영신 선사

◀ 전강대선사, pendrawing on paper 24×33cm

(전강 대종사)가 선원에서 많은 가르침을 펼치신 공덕을 찬양하여 선사의 열반30주기를 맞아 이를 기리는 의미에서 세워진 부도탑 형식의 사리탑이 보인다.

전강 대선사께서는 23살에 크게 깨달아 오도송을 남기셨다 한다. 인천 주안 용화선원에서 15년간 주석하시며 후학을 양성하셨고 용주사에도 중앙선원을 개설하셨는데 오늘 아버님 기일에 인천 주안의 용화선원에서 전강대선사님의 육성 법문을 녹음으로 들었다. 참으로 우렁차고 알아듣기 쉽게 설법하시던 법문이 아직도 귀에 생생하다.

昨夜月滿樓(작야월만루) 어젯밤 달빛이 누각에 가득하더니

窓外蘆花秋(창외노화추) 창밖엔 갈대꽃 가을이로구나.

佛祖喪身命(불조상신명) 부처와 조사도 몸과 목숨을 잃었는데

流水過橋來(류수과교래) 흐르는 물은 다리를 지나오는 구나.

18편

장성 백암산 백양사

▲ 백양사 쌍계루, pen drawing on paper, 56×38cm, 눈 쌓인 쌍계루를 펜으로 담은 작품으로 청수 스님의 요청으로 포은이 임금을 생각하며 지은 시를 적어 넣었다. 이 시문은 누각 안에 걸려 있다.

가을에 단풍 구경을 위해 내장산 기행을 계획하고 길을 떠났다. 가는 길에 백양사를 같이 보는 것도 좋을 것 같다는 생각에. 내장사보다 먼저 들른 곳은 백양사로 백암산 아래 경치가 빼어나게 아름다운 곳에 자리 잡은 사찰이다. 대한불교 조계종 제18교구 본사 백양사는 가을의 단풍 구경의 명소가 된 곳이다.

백양사는 오랫동안 8대 총림 '고불총림'으로 불리었으나 지금은 총림에서 제외되었다. 참고로 총림은 선원과 강원, 율원, 염불을 배우는 염불원을 모두 갖추고 방장의 지도아래 정진하는 도량을 말하는데 백양사도 2023년 이전까지는 8대 총림의 하나로 '고불총림'이라 하였다. 아직은 일주문, 사천왕문의 현판도 "고불총림 백양사"로 씌어 있다.

백암산의 학봉, 상왕봉, 사자봉, 가인봉 등의 절경과 어우러진 백양사 일대는 예로부터 조선팔경의 하나로 유명했던 곳이기도 했다. 절 일대의 비자나무 숲은 천연기념물로 지정되었는데 약 3만 그루가 밀집하고 있다. '춘백양, 추내장'으로 불리지만 백양사도 내장산 못지않게 단풍이 고운 11월에 가장 아름다운 절중의 하나다.

일주문은 초입에 나타나지만 사찰 경내까지는 한참을 걸어가야 한다. 걸어서 가는 길에 갈참나무 군락이 이어지는데 700년 된 할아버지 갈참나무 팻말이 있어 눈길을 끈다. 절의 모습은 계곡물을 크게 담수한 연못에 쌍계루가 드러나면서 시작된다. 백암산이 비치는 연못 앞에 지어진 쌍계루가 보이는 풍경을 보기 위해 단풍철이라 찾는 이도 참 많았다. 여러 각도에서 보아도 단풍의 멋드러진 반영이 그야말로 절경이어서 색조를 담기 위해 수채화로 가을 풍경을 담았다. 겨울에 눈이 오면 또 다른 멋이 있기에 담백한 흑백으로 표현할 수 있는 펜화로도 담기로 했다.

쌍계루는 1351년 각진 국사가 처음으로 창건하고 '교루(橋樓)'라 하였으나, 고려 말기 청수 스님이 중창하면서 정몽주에게 기문을 부탁하여 새로 지은 이름이 '두 계곡이 만나는 곳에 있는 누각'이라는 의미로 '쌍계루(雙溪樓)'라 하였다. 쌍계루는 조선 전 시기에 걸쳐 백암산 내 명소로 자리매김 하였으며, 유, 불교를 막론하고 많은 문인들이 이곳을 찾아 시를 짓거나 글을 남긴 곳이다. 쌍계루 내 현판에 적힌 많은 시문들은 조선시대 이 누각의 명성을 입증하는 것이다. 특히 쌍계루에 관하여 포은 정몽주 이외에도 목은 이색, 삼봉 정도전이 기문을 남겼으며, 많은 문인과 서옹 스님 등이 남긴 시문이 현판으로 전한다. 한국 전쟁 때 소실된 후 재건하였으나 현재의 쌍계루는 1986년에 새로 건립된 것이다.

백양사는 독특한 티자형 가람배치를 하고 있다. 동향으로 일렬 배치된 사천왕문, 종각, 우화루를 거쳐 본당의 마당으로 진입하게 되어 있는데 대웅전은 틀어서 남향으로 앉아있고 대웅전의 좌우로 전각이 다시 길게 배치되었다. 아마도 지형에 맞게 배치를 한 것으로 보인다.

백제 무왕 때 여환이 창건하여 '백암사'라고 하였으며, 고려 1034년 중연 선사가 중창하면서 '정토사(淨土寺)'라 개칭하였고, 선조 때 환양 선사가 주석하면서 매일 『법화경』을 독송했는데 그 소리가 어찌나 청아하고 맑은지 마을 사람들이 독경 소리를 듣고자 찾아 왔다. 그 때마다 백양 한 마리도 스님의 독경 소리를 듣기 위해

계곡 아래 바위에서 『법화경』을 듣고는 독경이 끝나면 산으로 들어가곤 하였다. 어느 날 독경이 끝난 스님이 잠이 들었다. 꿈에 하얀 의관을 차려 입은 동자가 나타나 스님께 큰 절을 올렸다. 스님이 몸을 일으켜 왜 절을 하는지 물으니 동자는 "스님 저는 언제나 스님의 불경을 듣던 백양입니다. 전생에 죄를 많이 지어 백양으로 태어났으나 스님의 독경소리를 듣고 업장이 소멸되어 다시 인간으로 환생하였습니다." 라고 말하고 스님께 절을 올린 후 안개와 함께 사라졌다고 한다. 그 후 사람들은 '백암사'를 '백양사'라고 부르게 되었고 독경을 하던 스님도 백양을 부른다고 하

▲ 백양사 부도전 출입문입구, 수채 38×28cm

여 환양(喚羊) 선사라 불렀다고 한다. 1917년 만암 대종사는 45세 때부터 백양사 주지 직을 맡아 30년 가까이 주석하면서 불사에 진력하는 한편, 강원을 개설하고 중앙불교전문학교장을 겸임하면서 많은 인재를 길러냈다고 한다. 백양사는 일제강점기 31본산 중 하나였으며, 현재는 부속 말사 26개소를 관장하는 본사이다.

백양사 대웅전은 만암 대종사가 백양사를 중건할 때 건립한 것으로, 내부에는 석가여래삼존불과 보각행이 조성하여 새로 모신 10척 높이의 불상, 그 왼편에 용두관음탱화가 봉안되어 있다. 또한 대웅전 내 오른쪽으로 바늘귀를 꿰는 모습, 등을 긁는 모습 등 해학적인 모습을 한 나한상 23체가 봉안되어 있다. 이 건물은 역사가 오래되지는 않았으나 전통 건축 형태를 잘 간직하고 있다. 정면 5칸, 측면 3칸의 대형 법당이며, 겹처마에 팔작지붕을 얹은 다포계 건물로 중앙 칸이 넓지 않고 전면 기둥 간격이 같아서 매우 독특하다.

백양사 극락보전은 400여 년 전에 지은 것으로서 백양사 건물 중에서 가장 오래된 건물로, 낮은 석조 기단 위에 주춧돌을 놓고 배흘림기둥의 정면 3칸의 맞배지붕이며 사천왕문과 같은 동향 배치이다. 극락전 주불인 목조아미타여래좌상은 높이 208㎝에 달하는 대형 불상으로 웅장하기 그지없다.

대웅전 뒤편으로 돌아보니 8층탑이 세워져 있는데 홀수의 층을 가진 석탑이 아니어서 의미가 궁금해졌다. 내용을 알아보니 팔정도를 상징하여 팔층으로 세운 것으로, 탑 정면에는 팔정도의 각 단어가 새겨진 석주가 4주씩 나란히 세워져 있다. 또한 근대 불교계 지도자이자 민족대표 33인 중 한명이었던 용성 스님이 간직하고 있던 석가모니의 진신사리 3과를 안치했다고 한다. 이 탑의 뒤편에는 만암 대종사

▲ 백양사 가을 풍경, watercolor on paper, 74×56cm 수채로 그린 쌍계루의 가을 풍경으로 백암산이 물에 비치고 있다

가 비문을 쓴 사리탑비가 건립되어 있는데, 이 한적한 공간은 비교적 여유로워서 백양사의 독특함을 느끼기에 충분한 곳이다.

부도전에는 백양사에서 주석하였던 휴정, 유정, 모운, 태능, 범해 등 18승려의 사리와 유골을 모신 석종 모양의 탑과 비가 있다. 그 중 예술적인 멋이 풍기는 소요 대사 부도가 눈길을 사로잡는다. 백양사 재건에 힘쓴 태능의 유업을 기념하기 위하여 건립한 종탑모양의 사리탑인데, 그 둘레에는 용이 구름을 감고 하늘로 올라가는 듯이 조각이 되어 있고, 좌대에는 연잎들이 조각되어 있어 그 조각미가 출중하다.

백양사는 암산을 배경으로 전각들이 어우러진 산사의 매력이 그득한 곳이지만 풍경이 아름다워 사진에 담아 보려 해도 산이 가깝고 높아 다 담아지지 않는 아쉬움이 있었다. 백양사에는 8개의 산내 암자를 두고 있는데 이 중 '운문암'은 백양사 수도도량 중 전망이 가장 좋은 곳으로 계곡을 끼고 3.5㎞ 위에 있다. 고려 때 각진이 창건했다는 운문암에는 조선시대의 신승 진묵의 일화가 전해 오고 있다. 진묵은 "내가 올 때까지는 이 불상을 도금하지 말라."는 말을 남기고 자취를 감추었으므로 지금도 그 불상은 거뭇한 그늘색을 띤 채 진묵이 나타나기를 기다리고 있다고 한다.

백양사는 3월에 가보는 것도 좋다. 바로 '고불매'로 불리는 홍매가 피는 시기인데 분홍빛을 띠는 매화의 향기가 그윽하기 때문이다.

펜화 작품에 정몽주의 시를 적었는데 해설하면 이렇다.

雙溪樓(쌍계루) 鄭夢周(정몽주)

求詩今見白巖僧(구시금견백암승) 把筆沈吟愧不能(파필침음괴불능)

淸叟起樓名始重(청수기루명시중) 牧翁作記價還增(목옹작기가환증)

烟光縹緲暮山紫(연광표묘모산자) 月影徘徊秋水澄(월영배회추수징)

久向人間煩熱惱(구향인간번열뇌) 拂衣何日共君登(불의하일공군등)

"지금 시를 써달라는 스님을 만나니 붓을 잡고 생각에 잠겨도 능히 읊지 못해 재주 없음이 부끄럽도다.

청수 스님이 누각을 세우니 중후하고 목은 선생이 기문을 지으니 가치가 빛나도다.

노을빛 아득하니 저 산이 붉고 달빛이 비쳐 가을 물이 맑다.

오랫동안 속세에 시달렸는데 어느 날 옷을 떨치고 그대(임금)와 같이 올라보리"

절의 초입에 길게 늘어선 산채비비밥집의 맛이 일품이라는 말을 듣고 취재로 무거워진 발걸음을 내려놓고 식사를 한 후 내장사는 다음날 가기로 했다.

19편

대구 팔공산 동화사

◀ 통일약사대불, pen drawing on paper, 28×
38cm 역광 빛을 받은 33미터의 장대한 대불을 5
미터 높이의 석등과 같이 담았다.

팔공산 갓바위에 기도를 드릴 생각으로 대구의 큰 사찰 동화사를 찾았다. 대구 팔공산 아래 약사 신앙이 숨 쉬는 대한불교 조계종 제9교구 본사 동화사는 7대 총림중 하나인 '팔공총림'이며, 오동나무 꽃이 아름다운 절로 지금은 통일대불로 유명해진 명찰이다.

동화사가 있는 팔공산은 신라시대부터 민족의 영산으로 여겨진 약사 신앙의 중심지로서, 팔공산 곳곳에는 갓바위를 비롯하여 수많은 약사여래상이 모셔져 있다. 수험생이 있는 집에서 갓바위 약사불 앞에서 불공을 드리는 모습을 흔히 볼 수 있다.

절의 초입에 들어서면 커다란 '동화문'이라는 산문이 눈에 들어온다. '팔공총림 동화사'라는 현판이 보인다. 널찍한 주차장이 위 아래로 있고 반려견도 입장되는 절이다. 위쪽 주차장에서는 바로 '봉서루'로 이어진다. 아래쪽 주차장에서는 통일대불을 친견할 수 있는데 봉황문을 지나야 비로소 마주할 수 있다. '통일기원대전' 이라는 큰 전각 앞에 1992년에 만들어진 '통일약사여래대불'이 거대한 모습으로 방문객을 압도한다. 입석 불상으로는 세계 최대로 여겨지는 총 높이 33미터로 좌대높이가 13m이다. 이 대불의 본원은 우리 민족의 숙원인 통일을 하루빨리 성취하고 분단의 아픔을 해소하여 민족 대화합을 이루어 내는 데 있다고 한다. 대불을 살펴보니 좌대에는 연잎들이 조각되어 있는데 조각미가 출중하다. 제작 과정에는 불상원석만 2천 톤, 좌대원석 3천 톤이 투입된 3년 불사로 이루어낸 불상으로, 불사에는 남북교류에 진심이었던 고 정주영 회장이 참여한 것으로 알려진다. 부처님 진신약사여래는 보살도를 닦으면서 열두 가지 대원을 세워 성취하고, 중생의 고통과 일체 병자가 없는 이상세계를 완성하신 부처님이시며, 그 이상세계는 유리처럼 청정한 동방 만월세계라 한다. 대불의 지하공간에는 사리가 모셔져 있는 '법화경 법당'과 불교문화관(국제관광선체험관)이 조성되어 있다.

대불의 뒤로는 호법신장과 금강역사가 병풍처럼 조성되어 있다. 앞에는 '통일기원대전'이 조성되어 있는데, 불상은 없고 통유리를 통해 약사여래대불을 바라보게

▲ 동화사 대웅전 좌측의 심검당, 산신각, 법화당이 보이는 풍경 , pen drawing on paper, 56×38cm 대웅전의 단청과 공포 그리고 문살이 잘 표현된 작품이다.

되어 있다. 대불을 지나 용호문(사천왕문)을 통과하고 법당 마당으로 가려면 품격 있는 누각 봉서루를 지나야 한다. 봉서루 옆에는 오래된 석축위에 '통일범종루' 라는 누각이 나란히 자리한다. 봉서루로 가기 전에 우측에 큼지막한 설법전과 종각이 있다. 봉서루를 지나 절마당의 맞은편에 대웅전, 왼편으로 법화당, 오른편으로 강원으로 쓰이는 화엄당이 자리하여 본사답게 꽉 찬 전각 배치를 보여준다.

동화사(桐華寺)의 이름은 오동나무 꽃이 아름다운 절이라는 뜻이다. 창건은 신라 소지왕 때 극달 화상이 '유가사'란 이름으로 창건하였는데 동화사의 유래에는 2가지 설이 있다. 흥덕왕 때 왕사였던 심지 대사가 던진 지팡이가 자란 오동나무에서 유래했다고 하는데 이후 유가사란 이름을 동화사로 바꾸었다는 설과 대사가 중창할 당시 원래 심어져 있던 오동나무가 겨울인데도 오동나무 꽃을 피운 것을 보고 상서로운 징조로 여겨 동화사라고 이름을 고쳤다고 한다.

현존하는 대웅전 건물은 선조 때 학인 대사가 세웠다. 정면 3칸, 측면 3칸의 규모로 지붕은 다포계 겹처마 팔작지붕인데 기둥이 우람하고 꽃살문이 유난히 아름답다. 꽃살문은 부처님께 꽃을 공양한다는 의미로 장식한다고 한다. 축대 아래 양쪽에는 한 쌍의 괘불대와 노주가 있고, 대웅전 내부 불단에는 석가모니 부처님을 주불로 좌측에 아미타불, 우측에 약사여래불을 모셨다. 또 천장에는 세 마리의 용과 여섯 마리의 봉황이 화려하게 조각되어 있다. 법당을 나와 그릴 곳을 찾던 중 동화사 뒤뜰은 기가 좋은 곳으로 주민들이 복을 빈다는 말을 듣고 대웅전 뒤뜰이 보이는 풍경을 담기로 했다. 그림에 법화당, 심검당, 뒤쪽 삼신각이 보이도록 했다.

동화사는 사찰의 부지가 상당히 넓어서 두루 살펴보는데 상당한 시간이 걸리는 것 같다. 심검당의 왼편에 인악 대사 나무라는 수령 500년 된 느티나무가 오랜 세월을 담고 묵묵히 자리를 지키고 있다.

영산전은 대웅전 우측 동편 뒤쪽 조금 떨어진 곳에 있는데 소나무가 우거져 멋진 풍광 속에 대문과 담장으로 둘러싸인 별채에 위치한다. 맞배지붕에 겹처마 형식의 건축 양식을 갖춘 단아한 전각이다. 영산전 내부에는 불경의 영산회상의 모습을 재현하여 석조 석가삼존불을 중심으로 16나한상이 좌우로 배치되어 있다.

이 절은 후삼국 시대 견훤과 고려 왕건이 전투를 벌인 역사적인 자리이다. 왕건은 전투에 능한 견훤의 계략에 말려 부하를 모두 잃었다. 공산전투(팔공산을 의미)에서 왕건은 부하 신숭겸과 김락의 희생으로 간신히 왕건 혼자 도주하였는데, 산내 암자 곳곳에 왕건의 도주와 관련된 일화가 전해 내려오고 있다고 한다. 또한 사명 대사가 승군 사령부를 설치하고 맞서 싸운 호국의 사찰이기도 하다. 동화사야 말로 역사속의 이야기를 깨알처럼 많이 담고 있는 곳이어서 기행을 하며 알아가는 재미가 있었다.

동화사 가는 길을 노래한 '동자심승' 이라는 시는 "동화사 승려를 찾았다"는 뜻으로, 조선 전기 문신 서거정이 지은 것으로 내용은 아래와 같은데 읊조려 볼만하다.

"멀리 절에 올라가는 좁은 돌층계 길
푸른 등나무에 흰 버선에 또한 검은 지팡이
저토록 흥겨운데 아는 이 없으니

청산에 흥겨움이 있지, 스님에게 있지 않거늘"

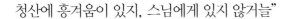

　　동화사를 올라가는 길가에 통일신라 불상의 전형적인 법의 형식에 맞추어 제작
된 아담하고 품격을 갖춘 보살좌상이 있다. 얼굴은 통통하고 풍만하며 어깨에는 통
견의 법의를 하고 옷 주름은 좁고 가슴 위로 보이는 대각선의 내의와 띠 매듭 등이
신라시대의 조각형식을 보여준다. 두 손은 항마촉지인으로 모든 악귀를 제압하고
있으며 앉은 자세는 결가부좌의 모습이 아니라 오른쪽 다리를 대좌 위에 비스듬히
내려놓은 편안한 모습이다. 이 불상은 경주 남산의 불상들과 흡사한 양식으로 천상
의 정토 세계에 있는 듯한 인상을 준다. 무심코 지나가면 못보고 그냥 지나칠 수 있
지만 힘든 발걸음을 잠시 쉬게 하는 자비로운 보살이니 친견하는 여유로움을 가져
본다.

예산 덕숭산 수덕사

▲ 수덕사 대웅전, pendrawing on paper, 38×28cm 고려시대 목조건축으로 건립연대를 정확히 아는 유일한 문화재이기도 하다.

경허 스님과 만공 스님의 선지식이 살아 숨 쉬는 선종의 종찰 덕숭산 수덕사는 대한불교 조계종 제7교구 본사로 7대 총림 중 '덕숭총림'으로 불린다. 수덕사는 덕숭산 전체에 거느린 암자만 60개가 넘는 노상 박물관 같은 곳으로 산 전체가 수덕사라 해도 과언이 아닌 대단히 방대한 사찰이다.

어려서 수학여행을 갔던 곳 수덕사는 예산군에서 가장 큰 사찰이자 지역을 상징하는 랜드마크인데, 여동생 가족과 함께 찾았을 때는 예전에 왔던 곳이라서 그리 낯설지 않았고 입구에는 상업시설도 많고 사시사철 관광객이 붐빈다.

수덕사는 일반적인 산사의 가람배치처럼 수덕사도 산문을 지나 직선 축으로 배치된 형식을 따른다. '덕숭산 수덕사'라는 현판을 단 일주문을 지나면 왼편에 '선 미술관'과 '수덕여관'이 유명한데 일단 기행을 마치고 관람하기로 했다. 그 뒤쪽으로 숨어있는 '환희대'라는 경내 독립 암자가 보인다. 발길을 돌려 둘러보니 본당은 원통보전으로 관세음보살을 모시는 전각인데 이곳은 비구니 스님들의 수도 도량이다. 들어가지 않고 멀리서 바라보고 발길을 돌려 계단을 오르면 금강문이 나온다. 조금 지나면 세 번째 문인 사천왕문이 나오고 이를 통과하면 우측에는 만공기념관이 있는데 지금 용도는 승가대학 기숙사라 한다. 그리고 만공 대선사가 세운 7층 석탑이 간결하면서 세련된 모습으로 잔디밭에 세워져 있다. 바로 옆에는 만공탑이 세워져 있는데 코끼리 세 마리가 받치고 용의 꼬리위에 연화좌대 그 위에 원형의 부도를 얹고 지붕을 갖춘 모습이다. 사리를 수습하지 말라는 만공 선사의 유언을 따라서 사리가 봉안되어 있진 않다고 한다. 수덕사 전체가 만공 선사의 숨결이 살아 숨 쉬는 걸 느낄 수 있다.

절 마당으로 들어가는 2층의 누각 황하정루는 정면7칸의 제법 큰 규모다. 1층 입구현판에 '덕숭총림' 이라 적혀있고 2층에는 '선지종찰 수덕사'라는 현판이 걸려 있다. 절 마당에서 바라보면 '황하정루'의 글씨가 수려하고 예사롭지 않다. 혜암, 벽초에 이어 3대 방장을 지내신 원담 스님의 솜씨라 한다. 황하정루란 '부처님의 정신이 강물처럼 흐른다'라는 뜻이라 한다.

절 마당에 들어서면 만공 선사가 새로 지은 3층 석탑 뒤에 대웅전을 중심으로 중앙에 고려시대 3층 석탑이 세워진 구도이다. 전각 앞의 3층 석탑의 모서리는 마모되었지만 상당히 안정감이 있는 모습이다. 대웅전 양옆에는 스님들이 수도하는 승방인 백련당과 청련당이 있다. 우측의 청련당에는 만공 스님이 쓰신 '세계일화'라는 현판이 걸려있다. 광복3년 전에 천일기도를 드린 후 기적처럼 해방을 맞이하였는데 무궁화 꽃을 따서 먹에 찍어 그렸다하여 '근화필'이라 적혀 있다.

좌측의 백련당은 승가대학원인 율원이라고 한다. 옆에는 예불을 알리는 법고각이 있고 범종각은 매우 화려한 전각이라서 눈길을 사로잡는다. 주변에 수백 년을 함께 했다고 전해지는 회화나무들이 절의 오랜 역사를 말해주는 듯 그늘을 드리운다.

백제에서 세운 12개의 절중 온전히 전해지는 유일한 사찰 수덕사의 창건에 대한 정확한 기록이 없지만 백제 위덕왕 때 숭제 법사에 의해 건립되었다고 전해지기는 하는데, 역시 경내에서 백제시대 와당들이 발견되어 이를 뒷받침 한다고 한다. 명확한 기록은 고려 공민왕 때 나옹 화상이 수덕사를 중수하였다고 하는데 수덕사가 중흥한 것은 조선말기 한국불교의 중흥을 이끈 대선사 경허 스님이 선풍 진작을 하며 시작되었다. 그의 법맥을 이은 제자 만공 스님이 중창하여 사세가 크게 일어섰고 40여 년간 주석하시며 제자를 길러내며 이후로 선종 유일의 근본도량이 되었다. 이후 마곡사의 말사에서 조계종 교구본사가 되었고 7대 총림으로 승격되었다.

수덕사 대웅전은 완전 해체 수리 하던 중 대들보에서 건립연대를 적은 묵서명이 발견되었는데 고려 충렬왕 때(1308)지은 건물임이 밝혀져 목조건축으로 건립연대를 정확히 알 수 있는 유일한 건물이다. 높은 석축 위에 앞면 3칸, 옆면 4칸 맞배지붕으로 배흘림기둥의 주심포 건물이며 별다른 장식과 단청이 없이 단정하고 정숙하여 고려시대 목조건축의 전형을 보여준다고 평가받는다. " 배흘림기둥을 사용하여 전체적으로는 무게감을 약화시키고 안정적으로 보이게끔 한다"고 유홍준 교수가 평가한 바 있다.

고 건축사에서 기준이 되는 건물이기도 하며, 봉정사 극락전과 부석사 무량수전과 같이 국보로 지정된 오래된 목조건물이라서 그런지 바라다보면 볼수록 옛 향기가 묻어 나온다.

德崇山修德寺彌勒佛 佛紀二五三七年 夏安居

▲ 수덕사 미륵불 pen drawing on paper, 28×38cm 만공 선사가 직접 만들었다는 미륵불로 스님의 솜씨가 예사롭지 않다.

법당 내부에는 단청이 없는데 인조 때 조성한 목조여래 삼존상이 전해져 내려온다. 내부 벽화는 소실되었지만 다행히 모사본이라도 전한다니 그나마 다행이다. 대웅전 뒤편에 올라 내려다보면 내포의 너른 땅이 펼쳐진다. 지장보살을 모신 명부전이 대웅전 우측에 있는 모습이고, 관음전은 대웅전의 좌측에 보인다. 관음전 방향으로 내려가 보니 관음전 앞에 관음바위와 석조 입상의 관세음 보살상이 자비로운 미소를 발하고 있다.

청련당 옆길로 나있는 산길로 암자 기행을 해보기로 했다. 약1.9km산행의 시작은 계곡을 따라 구름다리를 건너면서 시작한다. 오르다 보니 사면석불이 나타난다. 경주 칠불암의 것과 비슷하다. 오르는 길은 벽초 스님이 만들었다는 1080계단으로 숨이 차오른다. 한참을 가니 소림초당이 나오는데 수행공간이라 들어갈 수는 없다. 30분정도 더 산길을 오르면 돌을 잘 다루는 솜씨를 보였던 만공 스님의 7.5미터 높이의 이중 갓을 쓴 걸작품 미륵석불을 만난다. 대단한 솜씨에 경탄하며 펜화로 담아 보기로 했다. 감로수 샘에서 목을 축이고 조금 올라가면 향운각이 나오고 이를 지나면 넓은 터에 세운 만공탑이 나온다. 선사의 말씀을 비문으로 적은 만공탑에는 아래와 같은 글귀가 적혀 있다. "천사불여일행(千思不如一行) 천 가지 생각도 한 번의 행동만 못하다"

다시 계단을 오르면 만공 스님의 수도처로 지금은 비구 스님 정진도량인 '정혜사'가 보이는데 아쉽게도 안거 기간이라 문이 닫혀 있다. 주변에 텃밭이 보인다. 수도 기간 중 공양을 해결하기 위한 것으로 보인다. 다시 만공 선사가 공민왕이 하사한 거문고를 타며 말년을 보낸 '전월사'가 보인다. 불행히도 모든 암자는 출입이 안 된다. 내려오다 보면 비구니 스님 참선도량 '견성암'이 나온다.

수덕사하면 비구니 스님들이 사는 절로 많은 이들이 오해를 하고 있다. 그 이유는 가수 송춘희가 "수덕사의 여승"이라는 대중가요를 1966년에 발표해 히트를 치면서 오해가 생겼다. 수덕사에서 30여 분 올라가면 견성암이 바로 현재 비구니 스님들의 선방으로 운영되는 곳이다. 수덕사의 여승 가사를 보면 이렇다.

"인적 없는 수덕사의 밤은 깊은데 흐느끼는 여승의 외로운 그림자
속세에 두고 온 임 잊을 길 없어 법당에 촛불 켜고 홀로 울적에
아 수덕사의 쇠북이 운다.
산길 백 리 수덕사의 밤은 깊은데 염불하는 여승의 외로운 그림자
속세에 맺은 사랑 잊을 길 없어 법당에 촛불 켜고 홀로 울 적에
아 수덕사의 쇠북이 운다"

절의 초입에 있던 선미술관을 나가면서 들러본다. 문자 추상을 창안한 고암 이응노 화백의 작품을 구경할 수 있다. 화백의 고택도 복원되어 있어 같이 둘러 볼 수 있다. 뒤뜰에는 너럭바위에 새긴 암각화 추상작품을 만나 볼 수 있는데 알 듯 모를 듯 인간 군상을 표현한 것처럼 보인다. 옆에는 이응노 화백이 사들여 작업실로 사용했던 수덕여관은 근대 신여성들인 화가 나혜석과 김주원(일엽스님)과도 교류했던 곳으로 두 여성은 세상의 벽을 넘지 못하고 나혜석은 여기 머물다가 떠난 후 행려

자가 되어 생을 마감했고 김주원은 수덕사로 출가해 회고록을 출판하기도 했는데 소설 같은 삶의 애환이 전해지는 곳이다. 예전의 모습을 유지하려는 노력으로 초가집을 유지하고 있어 이채롭다. 참선도량 수덕사를 구석구석 둘러보니 다리도 아프지만 마음속에 상념을 모두 날려 버린 듯 몸도 가볍다. 게다가 문화 예술을 사랑하는 사찰이라 더욱더 애정이 간다.

◀ 만공대선사, pen drawing on paper, 24×33cm

21편

고창 도솔산 선운사

· · · · ·

▲ 선운사 대웅전 pen drawing on paper, 55×38cm 대웅전과 배롱나무, 6층 석탑이 있는 구도로서 건물 뒤로는 동백나무 군락지이다.

남도 기행을 계획하고 보성, 벌교, 여수, 순천을 가는 길이었으나 더 서쪽으로 방향을 틀어 천년고찰 고창 선운사를 추가하여 들러 취재를 하게 되었다. 사실 가을에 도솔산(선운산)아래 단풍의 선명한 빛에 물든 도솔천이 가고 싶었다. 도착하니 절의 입구에 흐르는 천 주변의 단풍이 울긋불긋 형형색색으로 온천지가 아름다워서 가을을 즐기는 관광객이 넘쳐난다.

선운사 입구에는 마침 은행나무가 노랗게 물들고 복분자쥬스 등 먹거리를 파는 상인들과 수많은 사람들이 즐기는 단풍축제 기간이었다. 개인적으로 단풍의 경우에는 인근의 내장산보다 좋다고 생각한다. 겨울에 눈이 오면 도솔천의 풍경은 또 다른 멋이 있는 곳이다.

사계절 언제나 볼거리를 제공하는 대한불교 조계종 제24교구 본사 선운사는 아름다운 지장 기도 도량이다. 이른 봄에는 동백꽃이 만개하여 더욱 아름답다. 동백을 주제로 한 노래로 첫구절 '선운사에 가신 적이 있나요'라는 가사가 인상에 남는 송창식이 쓴 노래는 물론 유명한 최영미, 정호승 등의 시인이 쓴 동백에 관한 시로 잘 알려져 있다. 절의 동백나무 숲은 600년 정도 된 수령의 동백이 3천 그루 이상의 군락을 이룬다. 대웅전 뒤편의 경사지에 띠모양으로 5천 평의 면적에 길게 펼쳐져 있는데 나무의 평균 높이는 약 6m이고, 둘레는 30cm에 이른다. 대부분 3~4월에 피는 춘백이다. 지금 천연기념물로 지정되어 멀리서만 볼 수 있다. 여름에는 배롱나무꽃, 초가을에는 꽃무릇이 빨갛게 물들어 불타는 듯 매력이 있어 언제 가도 좋다.

▲ 도솔천 가을, 수채, 56×38cm 꽃무릇과 단풍은 선운사의 풍광을 돋보이게 한다.

　　도솔천 가을 풍경과 겨울 풍경을 그린 수채 작품으로 그린 적이 있어 소개한다. 선운산의 옛 이름인 도솔산(兜率山)을 아직도 사용하는데, 일주문에 '도솔산 선운사'라고 씌어있다. 주차장에서 일주문으로 가는 길에는 생태 숲과 야영장이 있다. 천왕문을 지나 만세루를 통과하면 대웅전 마당을 만난다.

　　고창 선운산 북쪽 기슭에 자리 잡고 있는 선운사는 조선 후기 선운사가 번창할 무렵에는 89개의 암자와 189개에 이르는 요사가 산중 곳곳에 흩어져 있어 장엄한 불국토를 이루기도 했다 한다. 선운사의 유래에 대해서는 신라 진흥왕이 창건했다

는 설과 백제 위덕왕 때 고승 검단 선사가 창건했다는 두 가지 설이 전하고 있다. 그러나 당시 이곳은 신라와 세력 다툼이 치열했던 백제의 지역이니 신라의 왕이 이곳에 사찰을 창건하였을 가능성은 희박하고 검단 선사의 창건설이 정설인 것으로 보인다.

본래 선운사 자리는 용이 살던 큰 못이었는데, 검단 스님이 이 용을 몰아내고 돌을 던져 연못을 메워나가던 무렵, 마을에 눈병이 심하게 돌았다고 한다. 그런데 못에 숯을 한 가마씩 갖다 부으면 눈병이 씻은 듯이 낫곤 하여, 이를 신기하게 여긴 마을 사람들이 너도나도 연못을 메꾸는데 동참하였다 한다. 이 연못자리에 절을 세

▲ 도솔천 겨울, 수채, 56×38cm 눈이 온 도솔천도 매력이 넘친다.

웠다는 것이 바로 선운사의 창건 설화다. 검단 스님이 "오묘한 지혜의 경계인 구름에 머무르면서 갈고 닦아 선의 경지를 얻는다" 하여 절 이름을 '선운사(禪雲寺)'이라 지었다고 전한다.

또한 이 지역에는 도적들을 불법(佛法)으로 이들을 교화시켜 염전을 일구는 법을 가르쳐 주었는데 스님의 은덕에 보답하기 위해 가져온 소금을 바쳤고 마을 이름도 '검단리'라 했다고 한다. 그 후 폐사가 되어 석탑 1기만 남았는데 고려 공민왕 때 효정 선사가 중수하고 조선 성종 때 극유라는 승려가 성종의 숙부 덕원군에게 후원받아 대대적으로 중창했지만, 정유재란으로 본당을 제외하고 모두 불타버렸다. 광해군 때에 재건된 대웅전, 만세루, 영산전, 명부전 등이 지금까지 전해진다.

선운사 대웅전은 조선 중기 건축물로 섬세하고 장식적인 구성과 빗살 여닫이문이 화려한 건물이다. 정면 5칸. 옆면 3칸의 규모로, 지붕 처마를 받치기 위해 만든 기둥 위의 장식구조가 기둥과 기둥 사이에도 있는 다포 양식이다. 지붕은 옆면에서 볼 때 사람 인(人)자 모양을 한 맞배지붕이다. 전체적으로 옆으로 길면서도 안정된 외형을 지니고 있다. 건물 벽은 나무판으로 이루어진 널빤지 벽이다. 법당 천장은 우물천장을 설치하였고 청, 황, 백색의 용이 그려진 단청벽화가 매우 아름다운 절이다.

앞마당에 자리하고 있는 6층 석탑이 이채롭다. 고려시대의 것으로 보이는데 원래는 9층이었으나 현재는 6층만이 남아있다. 홀수탑은 많으나 짝수로 된 탑은 드물기 때문에 독특하다. 기단을 1층으로 마련하여 전체의 무게를 버티게 하고 그 위로

6층의 탑신을 올려놓았다. 얇아 보이는 지붕돌은 밑면에 5단씩의 받침을 두었고, 처마는 양끝에서 살짝 들려있어 경쾌하다. 꼭대기에는 머리장식이 잘 남아 있지만 위쪽의 3개 층이 분실된 것으로 보인다. 대웅전과 베롱나무, 그리고 6층 석탑이 보이는 대표적인 구도를 펜으로 담았다.

대웅전 좌측에 나란히 있는 영산전을 둘러보니 목조 삼존불상이 모셔져 있다. 마침 수능기간이라 수능대박이라는 부모들의 기원이 담긴 현수막이 눈에 띈다. 대웅전의 우측에는 관음전과 지장보궁이 보이고 본사답게 많은 당우를 볼 수 있다.

절에서 암자 쪽으로 향하는 산책로 인근에는 야생 차밭이 있다. 선운사의 부속 암자인 도솔암은 전국에서 최고로 꼽히는 지장도량이다. 천인암이라는 큰 바위에 지장보살상이 음각으로 조성되어 있는데, 조상 천도나 지장 기도를 하는 신도들에겐 빼놓을 수 없는 기도처이다. 가는 길은 잘 닦여 있어도 1시간은 줄곧 걸어가야 하지만 풍광은 정말 빼어난 곳이므로 불자라면 반듯이 가봐야 하는 곳이다. 길은 흙길로 참배를 마치고 돌아오는 길에 맨 발로 내려와도 좋을 듯하다. 내원궁은 절벽에 초석을 놓고 세웠는데 맑은 물이 흐르는 깊은 계곡에 자리한 '내원궁'은 고통받는 중생을 구원한다는 지장보살을 모신 곳이다. 선운사 도솔암을 찾는 사람들은 마애불을 참배하기 위해 가는데 마애불이 새겨진 바위 위에는 내원궁이 더 큰 기도처라는 걸 모르고 돌아오는 경우가 많다.

도솔암 내원궁은 상도솔암이라고 하며 세계에서 유일하게 미륵 부처와 지장보살이 함께 상주하는 곳으로 알려져 있다. 결국 마애불과 내원궁 지장보살을 모두 참배해야 진정한 도솔암 참배를 하였다고 할 수 있다.

▲ 동불암지 마애불, pen drawing on coffee print paper, 56×38cm 마애불의 중앙에 함을 넣어두는 곳이 있다.

도솔암 가는 길에는 '동불암지 마애여래좌상'이 있는데 이 마애불의 배꼽 부분에 네모난 감실이 들어가 있다. 보통은 여기에 불경 등을 넣지만 전설에 따르면 선운 사 마애불에는 검단 선사의 비결(秘訣)이 들어 있다고 한다. 이 비결이 나오면 위험하다는 소문이 있자 전라감사 이서구가 이를 비웃고 꺼내려 하자 벼락이 온 사방에 쳤음에도 감실을 열어서 안에 있던 책을 폈다고 한다. 하지만 책의 첫 문장

에 누가 열어볼 것을 예언하는 글에 기겁하여 다시 봉인하였다고 하는 전설도 있고, 동학농민운동때 비결을 꺼내갔다고도 한다. 후세에 그 비결이 바로 정약용의 목민심서와 경세유표라는 전설이 덧붙여졌다. 그만큼 마애불 사랑을 전하는 이야기로 보여 진다.

도솔암 장사송이라는 600년 된 반송 노거수는 높이 23미터나 되고 두 갈래로 갈라진 후 다시 8갈래로 갈라져 넓게 퍼져 아름다운 자태를 뽐내는 소나무다.

또 하나의 부속암자 '참당암'에는 석조로 제작된 지장보살이 유명하다. 보존상태가 거의 완벽하고 전체적으로 균형 잡힌 비례와 주름잡은 섬세한 두건의 표현과 보주를 든 지장의 정확한 도상을 구현했다는 점에서 매력적인 문화재임이 틀림없다.

선운사를 내려오며 최영미 시인의 시 구절을 읊조려 본다.

"그대가 처음 내 속에 피어날 때처럼 잊는 건 또한 그렇게 순간이면 좋겠네

… 꽃이 지는 건 쉬워도 잊는 거는 한참이더군 영영 한참이더군"

22편

남양주 봉선사

▲ 봉선사 전경 Pen drawing on Korean paper 72×35cm, 콩기름 한지 20호 크기에 펜으로 작업한 작품으로 설법전에서 큰법당을 바라본 봉선사 전경을 담았다.

　광릉수목원 가는 길 근처에 있는 봉선사를 들르기로 했다. 봉선사는 경기 북부를 관할하는 대한불교 조계종 제25교구 본사로 조선시대에는 세조를 위한 원찰로 시작되었고 일제강점기에는 독립운동 근거지였던 절이다.

　봉선사는 한문 경전을 한글로 번역하는 데 원력을 세우신 운허 스님과 월운 스님에 의해 한글 대장경 번역을 주도한 곳으로, 그 원력으로 현재 한글 대장경이 발간되었고 역경원에서 한문 경전을 한글로 번역하는데 큰 역할을 하셨다. 어려운 한문 불경을 한글로 번역하신 덕택에 우리가 이해하기 쉽게 불경을 접할 수가 있는 것이다. 두 분 큰 스님께 감사함을 전하고 싶다. 서울 근교의 광릉수목원과 가까운 곳에 자리하고 있는데 주차장부터 널찍해서 넉넉한 느낌이다. 아마도 찾는 이가 많은 점을 배려한 것으로 보이는 데 '운악산 봉선사'라고 현판이 걸린 화려한 일주문은 네 개의 석주가 받치고 있다. 최근에 더 크고 화려한 일주문을 세웠다.

　일주문을 지나면 사찰의 중흥에 기여한 고승들의 부도들이 보이고 연잎으로 가득한 큰 연못이 있어 7월이면 화려한 연꽃이 장관을 이룬다. 봉선사를 찾았을 때도 한 여름이어서 화려하게 만개한 연꽃의 아름다움을 만끽할 수 있었다. 봉선사는 독립 만세 시위를 계획하고 선언문을 제작한 장소로 태허 스님 등 관련자가 체포되었던 근대 역사의 흔적지이기도 하다.

사찰 입구에 있는 2층 건물 청풍루는 현재도 설법 공간으로 사용 중이라 하는데 원래 이 자리에는 한국전쟁 전까지 해탈문과 천왕문이 있었다고 전해진다. 절 마당으로 가는 길에 정희왕후가 심었다는 500년 된 느티나무가 절의 역사를 간직하고 아직도 건재한 모습으로 버티고 있다.

일반 사찰과 달리 금강문이나 천왕문이 없이 조선시대 양반 가옥이나 재실처럼 솟을대문이 있는 출입문이 법당으로 가는 문이라는 점이 이색적이다. 대문 양쪽의 행랑채 형식의 숙소가 있어 신도들이나 손님이 묵을 수 있는 점도 특이하다. 지금은 스님들이나 손님이 머무는 방으로 쓰이는데 원래는 광릉을 방문한 왕실 인사들의 수행원들 숙소였던 것으로 보인다. 길상사처럼 성모 마리아를 닮은 관세음보살상이 있는데 길상사에 있는 작품을 만든 최종태 원로 조각가의 작품으로 보인다.

봉선사는 고려 광종 때 법인 국사 탄문 스님이 창건하여 '운악사'라고 하였는데 세조의 비 정희왕후가 세조를 추모하여 인근에 있는 세조의 능침을 보호하기 위해 중창한 뒤 '봉선사(奉先寺)'로 바꾸어 부른 이후 지금까지 이어진다고 한다. 당시 봉선사의 현판은 예종이 직접 썼다고 하며, 입구의 범종루에 걸린 동종도 같은 해에 주조하였다고 한다. 봉선사는 수도 외곽이다 보니 수많은 전란에 피해를 입을 수밖에 없었다. 한 때 교학진흥의 중추적 기능을 담당했으나 임진왜란 때 전소된 후 수차례의 중수를 거쳤지만 한국전쟁으로 건물이 완전히 소실되었다. 그 뒤 화엄 스님, 운허 스님, 월운 스님의 재건 노력으로 오늘에 이르고 있다.

대웅전은 정희왕후가 중창했을 당시 현 위치에 세워졌고 1970년 중건하면서 대

◀ 최근 조성한 봉선사 미륵불. 40×72cm, Pen drawing on paper. 최근 조성한 대형 석조미륵부처님의 자비로움에 감탄하여 기도객이 붐빈다.

웅전 한글 현판 '큰법당' 글씨도 스님들의 원력으로 걸게 된 것으로 운허 스님이 쓰신 것이라 한다. 큰법당은 대웅전을 의미하며 우리나라에서 최초로 한글 현판을 단 것으로 유명하다. 법당 사방 벽에는 한글 법화경과 한문 법화경을 동판에 새겨 놓아 이채롭다.

그리고 큰법당 앞에는 운허 스님이 스리랑카에서 모셔온 부처님 사리 1과를 봉안한 3층 정중탑이 있어 봉선사 전경의 중심에 자리한다. 정중탑은 김천 금오산 자락에 있던 신라시대 갈항사탑의 원형을 참고해 조성한 것이라 한다. 큰법당 오른편에는 5칸짜리 규모의 큰 지장전이 있다. 이유를 알고 보니 예전에는 세조와 정희왕후의 위패를 모셨던 '어실각'으로 사용되던 봉선사에서 가장 중요한 건물이었기 때문인 것 같다.

오른편에도 5칸짜리 관음전이 있어 사찰의 규모가 컸음을 짐작케 하는데 당시의 모습은 아니고 한국전쟁 때 소실되고 두 법당 모두 원래 모습으로 복원한 것이라 한다. 설법전 방향에서 큰 법당 중심으로 봉선사의 전경을 바라보며 전체적인 파노라마 광경을 펜화로 담았다.

사찰에는 꽤 많은 당우들이 보이는데 스님들의 수행공간인 요사채 방적당은 법당 오른편에 있고, 운하당은 법당의 왼편에 있는데 신도들을 위한 공간으로 쓰이고 있다고 하며, 이외에도 당우들이 많아 절의 규모가 꽤 크다는 걸 실감한다. 새로 지은 선열당도 신도들을 위한 공간이라 한다.

그중 특이한 '판사관무헌'이라는 건물이 궁금해졌다. 알고 보니 왕실 위패를 모신 어실각의 관리로서 주지가 집무했던 장소라 하니 왕실의 원찰의 성격을 잘 드러내는 것 같다. 절 입구 우측에 종각이 수려함을 뽐낸다. 여기에는 보물로 지정된 조선 초기 작품인 봉선사 대종이 걸려 있다. 봉선사가 조선시대 승과시험을 치루었다는 표지석도 세워져 있어 서산 대사, 사명 대사 등 고승들이 여기서 배출되었다는 걸 처음 알았다.

연못가에는 공원처럼 깔린 잔디밭에 해태상, 오채현 석조각가의 불상 석조물들이 많이 설치되어 있어 휴식 공간으로 손색이 없다. 연못가를 산책하고 카페를 이용하는 시민이 많다는 사실에 새삼 놀랐다. 민족정기 서린 도량 입구에 들어서면 최근에 조성한 미륵석불이 눈길을 끈다. 템플 스테이를 하는 당우들을 뒤로 한 채 연못가에 우뚝 세워져 있는 새로 세운 석조 미륵불의 모습이 보인다. 최근 점안식을 한 오채현 석조각가의 작품인데 온화한 미소가 퍼지는 모습에 반해 펜화에 담았다. 이외에도 금으로 장엄한 약사여래부처님이 모셔진 전각이 있는데 기둥만 있고 벽이 없는 정자 형식의 누각에 모셔져 있어 어디서나 보이도록 함으로서 대중 속에 모셔진 부처님의 모습을 구현한 것으로 보인다. 언제나 편안한 서울 근교의 명찰 광릉 가는 길이라면 한번 들러 보는 것도 좋다. 연꽃이 한창 피는 여름에 다시 한번 기도드리러 가고 싶은 곳이다.

제주 한라산 관음사

▲ 관음사 일주문, pendrawing on hanji, 38×28cm

아름다운 섬 제주 아라동에 위치한 관음사는 한라산 중턱에 나있는 1117번 산 간도로에서 접근 가능하다. 대한불교 조계종 제23교구 본사 관음사는 얼마 전 방영된 드라마 '이상한 변호사 우영우'에서 제주의 사찰과 주민과의 갈등을 다룬 에피소드에서 배경으로 촬영된 적이 있어 반가웠다.

제주를 그리 많이 갔지만 관광에 열을 올리느라 그렇기도 했지만 사실은 산 중턱에 있는 사찰이라서 여행코스가 맞지 않아 매번 갈 기회가 없었다. 여름휴가차 들른 제주지만 마음먹고 다른 일정은 취소하고 길을 나섰다. 관음사 주차장은 넓고 여유로운데다가 무료여서 좋다. 주차장의 오른편에는 사찰음식 체험관인 '아미헌', 왼편에는 사찰홍보관이고 중앙에 네 개의 기둥이 지붕을 이고 있는 수려한 일주문에 '한라산 관음사'라는 현판을 달고 있다. 일주문을 통과하며 곧게 뻗은 길 양옆으로 사이프러스(삼나무)가 촘촘히 도열해 있어 아열대지역의 궁궐을 들어가는 새로운 경험을 제공한다.

현무암을 얇게 가공한 박석으로 입구 길을 깔아 놓았는데 양 옆으로 제주의 돌을 쌓아 단을 만들고 수백 개의 화강암으로 만든 부처님이 모셔져 있는데 표정도 각각이고 보관은 현무암을 올려놓은 모습이고 돌담도 현무암으로 쌓아 제주임을 알게 한다. 석상 옆에 적혀있는 수많은 소원들이 깨알 같다. 천왕문 가는 길의 중간에 해월당 동상과 '해월굴'이 있는데 작은 공간에서 관음사를 창건하신 해월당 봉려관 스님이 삼년수행을 하신 곳이라고 한다. 경이롭다는 생각을 하며 걸어 가다보면 길의

끝에 천왕문이 석축위에 자리한다. 온 만큼 다시 걸어가야 법당이 나오는데 좌우로 녹음이 우거져 있어 상쾌한 기분이 든다.

관음사는 고려시대 창건된 것으로 전해지는데 탐라국 시기에 남방불교가 유입되었다고 보는 견해도 있다. 조선 숙종 때 폐사되었다가 1908년 현 위치에 비구니 해월당 봉려관 스님이 지역주민의 반대를 이겨내고 승려 영봉과 도월 거사의 도움으로 창건하였다 전한다. 그럼에도 불구하고 입구에 '4.3사건 피해사찰' 이라는 표지판에 따르면, 당시 사찰지역이 무장대의 거점으로 활용되면서 1949년 토벌대가 한라산 공습을 감행하며 격전지로 변했으며 토벌대에 의해 모든 전각이 소실되었고 당시 주지 스님은 고문 후유증으로 병사하셨다 한다. 슬픈 근대사의 아픔을 간직했다고 생각된다.

중심 전각 대웅전은 1969년에 재건되었다고 하는데 정면 세 칸의 팔작지붕에 붉은 기와를 채택한 것이 이채롭다. 법당에는 석가모니불과 두 분의 보살을 모시고 있다. 법당에서 기도를 드리고 옆에 위치한 전각 지장전(극락전)을 둘러본다. 절마당의 건너편에는 새로 세운 사리탑이 단정한 모습이다. 지장전 뒤쪽으로는 템플스테이관(선센터), 종무소, 요사채가 들어서 있다. 소원지를 걸 수 있는 방사탑(원뿔형 제주산 현무암 돌탑)이 있어 소원지를 써서 걸어 두고 범종루 옆의 붉은 기와가 얹어진 '수각'에서 목을 축이며 천천히 둘러보기로 했다. 수각 뒤편으로 넓은 잔디 언덕에 돌계단을 오르면 2006년 조성된 황금빛 미륵대불이 중생을 굽어 살피는 모습인데 뒤에는 돌로 만든 작은 석불 입상이 약 1000개는 되는 것 같다. 생각보다 웅장하다. 주변에 관세음보살, 문수보살, 보현보살의 조각상이 각각 세워져 있어 다른 곳에서

는 볼 수 없는 새로운 경험을 준다.

　대불을 지나 아주 높은 곳으로　계단을 따라 한참 올라가면 나한전이 숲속에 자리 잡고 있다. 붉은 기와지붕의 3칸 건물로 숨어 있는 듯한 모습이 수행처의 기능을 하는 곳임을 한 눈에 짐작게 한다. 역시 옆에 백록원, 승방 등의 전각이 같이 자리하고 있다.

　'관음굴'은 대웅전의 오른편 높은 곳에 있는데 한참을 올라가면 나타나는 정말 시원한 곳이다.　냉기가 서린다고 할 정도로 서늘한데　입구에는 나무로 오각형 모양으로 전각형태를 만들어 놓았고 굴 안에는 부처님이 모셔져 있다. 굴과 외부사이의 입구 사이에 온도차로 인하여 안개가 피어오르는 듯한 모습이 신비롭기까지 하다.

　절을 나오며 일주문 들어가는 펼쳐진 삼나무길 왼편 평지에 조성된 평화대불을 발견하고 다시 참배하고 나왔다.

◀ 제주 관음사 봉려관

한라산을 오르는 '관음사 탐방로'코스가 있어서 아침 일찍 서두르면 한라산 등정도 해볼 수 있다. 사찰 주변에는 유명 관광지로 목석원, 산천단, 어리목계곡, 탐라계곡, 개월오름 등이 있다. 연중 관광객들로 붐비는 관음사 코스에서 살짝 빗겨난 곳에 사찰이 있다. 남국의 멋진 풍광에 묻힌 제주의 관음사는 봄에 다시 와도 좋을 것 같다.

▲ 연화도 60×51㎝ 수채

2부

또 다시
말사 기행

24편

양양 휴휴암

▲ 양양 휴휴암 지혜관음상 pen drawing on paper with watercolor 54×40cm 지혜관음보살과 용왕과 남순동자가 협시하는 모습의 조각상이 거대해서 절의 아름다운 시그니처를 이루고 있다.

동해바다를 보러 양양으로 가는 길에 관세음보살이 굽어 살피시는 휴식의 장소 양양 휴휴암을 찾았다. 휴휴암은 최근에 잘 알려진 관음기도도량으로 지혜관음보살과 동해용왕 남순동자 석상이 아름다운 곳이다.

휴휴암은 강원도 동해고속도로를 가다가 하조대에서 남쪽 13킬로 내려간 국도변에 위치한다. 양양군 현남의 바닷가에 있는 휴휴암(休休庵)은 쉬고 또 쉰다는 뜻인데, 동해안 해안가에 세워진 몇 안 되는 사찰 중의 하나다. 하얀 백사장, 부서지는 파도 그리고 푸른 동해바다가 보이는 멋진 곳에서 힐링의 사찰을 보게 되니 꿈만 같다. 무료주차장에서 걸어들어 가면 일주문은 없고 불이문이 절집의 시작을 알린다. 중생과 부처가 하나되는 공간으로 마음이 복잡할 때에 둘러보기에 정말 좋은 사찰이다.

불이문을 지나 제일 먼저 만나는 곳은 다라니굴법당으로 불리는 밀법당이다. 여기는 부처와 보살을 불화로 그려 모신 동굴형태의 법당으로 진신사리 53과를 구해 봉안한 곳이다. 금동 극락조를 배경으로 앞에 유리관속에 모셔진 진신사리를 친견할 수 있는 흔치 않은 기회여서 감회가 깊다.

휴휴암의 조성역사는 매우 짧아서 1995년 홍법스님이 창건한 절로 1999년 바닷가에 누운 부처님 형상의 바위가 발견되며 불자들 사이에 명소로 부상했다 한다. 본 법당 묘적전은 관음전의 다른 이름인데 내부에는 다른 사찰에서는 잘 볼 수 없는 황금색을 입힌 천수천안관세음보살 입상이 모셔져 있고, 전각 앞에는 코끼리를 타고 있는 부처님에게 물을 공양해 본다. 소망을 기원하며 법당 옆의 포대화상의 배를 쓰다듬는 사람들의 모습이 보인다.

묘적전에서 바닷가를 바라보면 동해바다와 푸른 하늘을 배경으로 우뚝 선 지혜관세음보살이 바로 보인다. 항상 책을 가지고 다니며 지혜가 부족하고 어리석은 중생들에게 지혜를 주시는 보살이라 한다. 보살의 높이는 좌대 포함 16미터에 이르며, 돌의 무게만 115 톤이라 하니 규모가 상당하다. 좌대에는 용을 조각하여 관세음보살의 위엄을 보여주며 우측에는 동해 해상용왕신, 좌측에는 남순동자가 협시하고 있는 모습이다. 주변에는 나한으로 불리는 깨달음을 얻은 아라한 성자들의 모습들이 조각되어 있어 멋진 광경이라 펜으로 담아 보았다

지혜관음상 옆에 실제 금으로 입힌 국내 최대 크기의 관음범종을 보관한 종각이 있어 여름에는 그늘을 제공한다. 게다가 앞에 돌로 조성한 두꺼비와 거북이가 눈에 들어온다. 두꺼비가 더 커서 의아한 생각이 든다. 관음상 아래로 내려가면 연화법당으로 불리는 너럭바위(거북바위)는 100평이나 되는 널따란 크기로 신비롭다는 생각이다. 물속의 작은 운동장 같은 느낌이랄까. 그래서 사람들이 거북이 모양의 바위가 관세음보살을 향해 절을 하는 형상이라고 이야기 한다. 바위에 접한 바다에 떼로 몰려다니는 황어 떼도 보이고 먹이를 파는 무인판매기가 보인다. 황어는 잉어과의 노란색을 띤 물고기로 양양 남대천에서 산란을 마치고 이곳에 몰려든 것이라 하는데 신기하게도 아침에 나타났다가 저녁에는 사라진다고 한다. 흡사 바다로 가기 전에 휴휴하고 있는 모양새다. 실제로는 깊은 물에 있다가 관광객이 오는 시간대를 알고 나타나는 것이라는 이야기가 설득력이 있는 것 같다. 만원에 4마리 하는 치어들을 사서 방생하는 곳이 있다. 여기까지 왔는데 업을 씻는 의식이니 방생을

하고 가야 하는 것이 당연하다는 생각에 다른 분들 틈에 끼어 치어를 방생했다. 그런데 기다렸다는 듯이 나타나는 갈매기들도 먹이는 나눠 먹지만 황어나 숭어를 사냥을 하는 모습은 없다. 부처님의 세계라서 자제하는 것인가?

너럭바위를 연화법당이라고도 하는데 여기서 바라보면 주변에 손가락바위, 광어바위들도 있고 왼쪽 해변으로 해수관음상이 감로수병을 들고 연꽃 위에 누워있는 모습의 기다란 바위도 보인다.

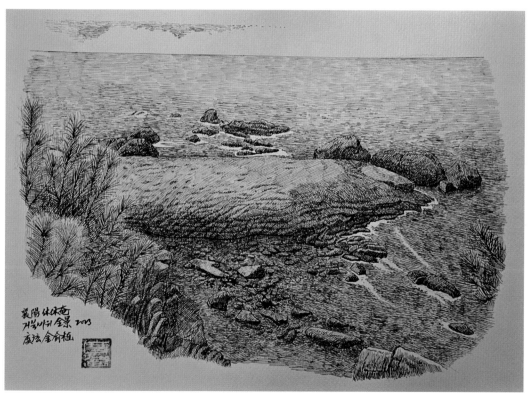

▲ 양양 휴휴암 거북바위 38×28cm pen drawing on paper 연화법당으로 불리는 거북이 형상을 한 넓은 바위가 관세음보살을 향해 절을 하고 있는 모양을 하고 있다

사찰 탐방을 마치고 가기 전에 청룡을 타고 계신 해수관세음보살을 모신 비룡관음전을 만날 수 있고 앞에는 용품점과 카페가 있어 지친 심신을 쉴 겸 차 한 잔하고 절을 나섰다. 바닷가는 어업을 주로 하다 보니 용왕신을 섬기는 토속신앙과 결합된 모습으로 보여 진다는 생각이다. 관음기도도량을 통해 해안을 걸을 수 있어 일석이조로 휴식을 즐기는 곳이다. 휴휴암은 부산 기장 해동용궁사처럼 동해바다가 보이는 해변가에 자리를 잡은 일출명소이니 아침 일찍 가보시는 것을 권한다. 정동진에서 이어지는 해파랑길 코스에 포함된 곳으로 길을 걸으며 쉬고 또 쉴 수 있는 편안한 휴식처로 동해로 휴가를 간다면 꼭 가볼 만한 장소이다.

25편

포천 동화사

▲ 포천 동화사 대웅전 pen drawing on paper, 53×41cm 포천 이동에 자리한 동화사는 고즈넉한 사찰로 3칸의 대웅전, 3층석탑 옆에 좌우로 석등이 배치되어 있고 우측 암벽에 미륵불 입상이 세워져 있다. .

남양주 흥국사 주지 임기를 마치시고 동화사 회주로 계신 화암 스님도 뵐 겸 포천의 동화사를 찾아갔다가 아담한 절에 매료돼 취재를 했다. 포천의 산정호수의 반대편 하천이 흐르는 길을 따라가다가 왼편에 고즈넉하게 자리 잡은 포천 동화사(東和寺)는 경기도 포천시 이동면에 있는 사찰로 현재 대한불교 조계종 제25교구 본사인 봉선사의 말사이다. 역사는1957년에 창건된 신흥 사찰로 원래 이 지역은 전쟁 후 군인주둔지역으로 미군 및 장교들이 이용하는 음식점이었다고 한다. 제법 큰 영업시설로 성황을 이루었다 하는데 평화의 시간이 흐르면서 이용객이 줄고 결국 영업장은 문을 닫았다고 한다.

창건주 이건대가 절터로 사들였고 건물은 철거하고 전각을 지으며 동화사가 시작되었는데 봉은사 회주이신 밀운 스님이 승려가 되기 전 인근 부대에 근무 당시 인연을 맺은 후 군 제대 후 재산을 들여 크게 중창하였는데 불사에는 불교를 믿는 동네주민들이 건축에 직접 참여하기도 했다고 창건에 얽힌 이야기를 전해 주셨다. 도로변에 인접해 있어 찾아가기는 어렵지는 않았다. 절 마당에는 종각이 세워져 있는데 동화사 동종에는 시주하신 분들의 이름이 깨알같이 적혀있다. 종각 기둥에는 저녁 종송이 적혀있다. "종소리 듣고 번뇌는 끊고(聞鐘聲煩惱斷) 지혜를 길러 보리의 마음 내어(智慧長菩提生)"라는 글귀이다. 종각 옆에 엄나무가 절을 지을 때부터 있었다는데 100년은 되어 보이는 참으로 장대한 나무이다. 마침 찾아뵈었을 때는 스님은 사시예불 중이어서 예불이 방해될까하여 기다리면서 주변을 둘러보았다. 당우로는 대웅전과 종루, 독성각이 조성되어 있고, 선방으로 선열당과 염화실이 조성되어 있다.

대웅전 앞에는 삼층석탑과 2기의 석등이 있다. 대웅전의 오른쪽에는 감로수 샘물이 흐르고 암벽 앞에는 이중 보관을 쓴 미륵불을 조성해 놓았는데 앞에는 두 마리의 사자가 호위하고 있다. 대웅전은 전면 3칸, 측면 2칸에 아담한 편이고 팔작지붕으로 세련되고 단아한 모습이다. 어간 기둥에는 용머리가 조각되어 있다. 동화사 목조불좌상은 동화사 대웅전 주존불로 인조 때 조각승 사인과 상림에 의해 제작되어 전라북도 순창 회문산 만일사에 봉안되었던 조선후기 작품인 석가 불상을 창건 당시 모셔온 것이라 한다. 크기는 90cm정도로 은행나무와 소나무로 만든 후 도금한 불상인데, 소라 모양의 머리카락인 나발 위에 지혜를 상징하는 연꽃봉오리 형태의 육계가 있다. 눈썹 사이의 백호에서는 나오는 광명의 빛은 온 세상을 두루 비추는 듯하다. 귀는 큰 편이고 입가에는 미소가 번져 있다. 법의는 양 어깨를 모두 덮은 모습으로 흘러내려 가부좌를 튼 양 무릎 사이에 부채꼴의 리드미컬한 옷 주름이 인상적이다. 가슴과 배 사이에 여섯 잎의 연꽃을 조각해 놓았다. 부처님의 오른손은 땅을 향하고 있고 왼손은 무릎위에 있는 항마촉지인인데 이러한 형태는 석가모니가 보리수 아래에서 깨달음을 얻는 순간을 상징하는 것이기도 하다.

선방에서 예불이 끝나기를 기다리다 선방의 왼쪽에 있는 부도전을 둘러보았다. 창건주의 공덕비와 선사들의 부도탑이 여러 개 있어서 이 절에서 득도하신 큰스님들의 흔적을 볼 수 있었다. 이 절의 창건주의 가족들이 절터의 옆에 부속건물에서 오랜 세월 지냈다하며 아직도 사용 중인데 부근에 요사를 추가로 세울 계획이라 한

다. 염화실의 벽에는 모사도가 그려져 있다. 이 그림은 선종화(禪宗畵)의 대표적인 소재로 인용되는 '한산습득도'라 한다. 한산습득도는 주로 한산과 습득 두 사람을 그렸다. 중국 당나라 때 천태산 국청사의 삼은사(三隱士)로 불리는 풍간 선사와 그의 제자 한산과 습득은 자유분방한 기벽과 기행을 한 무위도인으로 선종화의 주요 테마라고 한다. 한산은 한암이라 불리는 바위굴에서 살았기 때문에 한산이라 불린 것이고, 습득은 풍간 선사가 길에서 주운 아이라서 그렇게 불린 것인데 공양간의 심부름 일을 하고 있었다. 한산은 공양 때가 되면 국청사로 가서 대중들이 먹다 남은 음식을 습득이 가져다주면 이것을 둘이 나눠 먹었다고 한다. 한산은 문수보살의 변신으로, 습득은 보현보살로, 풍간 선사는 아미타불의 화신으로 거론되기도 한다. 삼은사는 시를 잘 지었는데 그 중 한산은 선시(禪詩)의 일인자로 알려져 있다고 한다. 벽에 그려진 걱정하나 없는 도인들의 모습을 보며 저절로 미소가 지어진다.

◀ 동화사 회주이신 화암 스님 pendrawing on paper, 53×41cm

염화실에는 공양간이 제법 커서 절에 오신 분들의 공양을 대접하기에 부족함이 없어 보이는데 커피를 마시며 스님과 많은 이야기를 나누다 보니 시간이 훌쩍 지났다. 사실 궁금한 게 있었다.

"산내 암자에 혼자 계시면 무섭지 않나요?"

"지내다 보면 아무런 무서움이 없다네, 그리고 식구가 없고 가진 것도 없는 스님들은 세속적인 걱정도 없으니 상대적으로 그런 막연한 두려움은 없다네."

그리고 전국의 나한도량, 관음도량, 지장도량에 대한 이야기를 듣다 보니 벌써 저녁이 되어 온다. 배움의 시간은 끝이 없다. 스님과 같이 공양을 하고 집으로 향하는 길에도 해주신 이야기들이 보석처럼 마음속에 박힌다.

26편

정선 약천사

▲ 정선 약천사 전경 74×41cm pen drawing on paper 108돌탑과 다양한 돌탑 위에 모셔진 부처님의 모습 그리고 잘 꾸며진 정원의 유실수가 어우러진 정선의 아름다운 절이다

우연히 정선에 업무 차 갔다가 정선 5일 장터에서 아우라지를 돌아보고 오는 길에 돌탑이 유명하다는 약천사를 가게 됐다. 전국 각지의 돌을 모아 쌓은 108 돌탑에 모신 진신사리가 모셔진 아담한 기도 도량 정선 약천사는 구절초 핀 사이사이 돌탑들이 정원처럼 느껴져 편안하다.

장터에서 거리는 약 12km정도로 멀지 않은 곳에 약천사가 있다는 팻말이 보인다. 절 입구의 표지 석에서부터 250미터 정도 힘들게 언덕을 오르면 아름다운 돌탑으로 꾸며진 이전까지는 볼 수 없었던 전혀 다른 멋진 사찰을 만났다.

경내에 들어서며 받는 첫 느낌은 잘 가꾸어진 정원에 온 듯한 착각을 하게 된다. 너무 정갈하고 잡초 하나 찾아볼 수 없는 곳이다. 작약이 만발하고 코스모스가 한들한들 핀 정원에 수많은 돌탑들이 놓여 진 꽃밭들을 가꾸기 위한 스님의 정성이 짐작이 간다. 정원을 가꾸는 것도 수양이라는 생각이실까? 조용히 마음속의 소원을 빌며 도량에 세워진 각양각색의 돌탑을 둘러보다 보면 마음이 저절로 평온해지는 곳 바로 약천사다.

108돌탑이 있는 약천사라 해서 얼핏 든 생각이 굉장히 많은 돌탑이 있는 곳이구나 생각했는데 막상 와보니 수많은 돌탑이 세워졌으나 108개는 안 되는 숫자이고 가장 큰 탑인 부처님 진신사리 탑의 층수를 말하는 것이었다. 그래서 헤아려 보다 보니 정말 108층으로 구성되어 있었다. 하지만 어느덧 숫자가 아닌 돌탑의 아름다움에 빠져 수를 세는 것을 중간에 잊어버렸던 기억이 난다.

이곳의 돌탑은 전국 각지의 108개 마을에서 돌을 주워와 쌓은 사리탑으로 108번 뇌는 물론 전생의 업장을 소멸하고 이 생에서 원하는 소원을 성취하라는 뜻으로 쌓은 탑으로 이곳에 찾아온 불자들이 기도 정진하도록 하고자 세운 곳이라고 주지스님은 말씀한다. 그래서일까 조용히 돌탑 사이를 걷다 보면 마음속의 소원을 비는 마음에서 어느덧 그저 부처님의 자비가 내 마음속으로 들어와 편안한 마음이 드는 것을 보면 정말 좋은 곳이란 생각이 든다.

　　부처님의 광명과 약사여래불의 신통과 원력으로 이곳 주지 스님이 두타산, 월악산, 오대산, 설악산, 가리왕산, 소백산과 심지어 울릉도에서 까지 이름 모를 동네를 포함하여 탑 쌓기 좋은 돌을 가져온 곳이 전국의 108마을이라 한다. 수많은 곳에서 수집해온 돌을 주지 스님 본인이 직접 손으로 정성을 다하여 쌓아 올리고 틈새에 작을 돌을 끼워 넣어 견고히 쌓아서인지 태풍에도 끄떡없다고 한다. 2008년 9월15일에 쌓기 시작하여 2009년 7월 22일 완공 되었다고 하니 사리탑 하나만으로도 1년여 시간이 필요했다고 한다. 그렇다면 약천사의 다른 돌탑들의 완성은 또 얼마나 걸렸을까 하는 생각에 정말 숙연해지기도 했다. 돌을 채취해온 지역명이 들어본 지명도 있고 처음 들어본 지명도 있었는데 전국의 마을에서 돌을 가져오는 것만으로도 정말 고행 길이었을 것이란 상상이 되었다. 이런 마음으로 기도 정진해야 되는 것이리라. 스님의 정성에 감탄과 존경의 마음이 들면서 같이 지내던 동료가 얼마 전 하늘의 별이 되어 마음속에 차있던 복잡한 심경이 이곳 약천사에 머무는 동안 치유가 되는 것 같았다. 입구에서 파노라마처럼 펼쳐진 돌탑 정원과 사리탑 그리고 대웅전과 삼성각이 바라보이는 전체 경치에 멍하니 바라보다 전체를 펜으로 담기

旌善 藥泉寺 百八石塔 佛紀二五六六年 度法

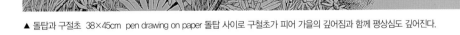

▲ 돌탑과 구절초 38×45cm pen drawing on paper 돌탑 사이로 구절초가 피어 가을의 깊어짐과 함께 평상심도 깊어진다.

로 했다. 어느 것 하나 빼서는 안 될 것 같았다.

가장 큰 중앙탑이 부처님의 진신사리를 모신 사리탑인데 층수는 108돌탑으로 높이가 8m 정도로 건물 3층 높이다. 탑 안에 진신사리를 모시고 있다하여 들어가 보려하니 안에 들어가 절을 하고 석가모니불을 세 번 외우고 탑을 세 번 내지 108번 돌라는 입구 안내문이 있기에 전생의 업장을 소멸하기를 기원하며 소원을 빌어 보았다.

봄에 찾은 정선 약천사의 화단에는 정말 작약꽃이 너무나 아름답게 피어 은은한 향과 함께 108 돌탑이 더욱 아름다운 모습이어서 그저 그 풍경만으로도 행복해졌다. 아름다운 꽃의 향기에 취해 다른 불자가 있었는지조차 느끼지 못하였는데 돌탑 속에서 나오는 참배객은 이미 약천사의 돌탑 기운에 밝은 표정이 되어 있었다. 다시 가을에 찾았을 때는 사과나무 유실수에 탐스런 사과가 주렁주렁 열리고 화단에는 빨간 칸나꽃이 밝게 웃는다. 게다가 구절초가 흐드러지게 피어나 눈길을 사로잡았다. 돌탑과 꽃이라는 주제로 다시 펜화로 담아 보았다.

중앙의 계단을 통해 대웅전으로 갈 수 있는데 대웅전 앞에는 두 갈래로 된 돌탑에는 황금색의 작은 부처님이 올려져 있는 모습도 보인다. 대웅전의 뒤편에도 돌탑이 있다. 대웅전에는 단청이 되어 있지 않은데 이유를 알아보니 서두르지 않고 천천히 하신다하니 그 넉넉함이 읽혀진다.

이곳 약천사는 뒷산인 대덕산의 기운과 삼성각 방면의 문필봉의 기운이 108돌탑에 모아져 중생의 108번뇌가 소멸되는 곳이란다. 꽃피는 계절에 정선에 가면 약천사에 들러서 소원 성취를 발원해 보고 기도정진에 동참해보시기를 권한다.

阿羅漢

Kimyousik

27편

서산 용현리 마애삼존불상

▲ 마애삼존불상 pen drawing on paper 54×41cm 백제의 미소라 불리는 마애삼존불상 암벽에 돋을새김으로 제작한 부조상으로 빛에 따라 미소가 달라 보여 신비롭다.

필자의 고향이자 어머님이 계시는 당진에서 멀지 않은 서산 땅에 있는 백제의 미소로 알려진 마애불을 만나러 무작정 출발했다. 서산 방면으로 가게 되면 정말 가볼 만한 곳이 많은데 해미읍성과 아름다운 개심사를 지나 용현리 마애삼존불까지는 지방도로와 연결되어 있어 여러 명소를 두루 둘러볼 수 있다.

상상하던 것과는 달리 매우 한적한 곳에 위치해서 여기가 유명한 장소인가 싶을 정도이다. 보통 문화재 유적지는 초입부터 식당 기념품 가게와 정비된 주차장을 갖춘 데 반하여 그냥 편하게 주차할 수 있고 식당도 달랑 하나뿐이다. 식당은 어죽을 파는 집인데 여기서 요기를 하고 올라가기로 했다.

마애불이 깊은 산골 높은 산속에 있을 것이라는 예상을 빗나가게 한다. 계곡을 따라 올라가면 용이 몸을 드리운 듯한 모습이어서 용현계곡이라 부르는 계곡을 삼불교라는 다리로 건너서 간다. 돌계단을 따라 수정봉으로 향하는 등산길을 따라 가면 반듯한 관리실이 나온다. 다리에는 소원을 담은 연등들이 빼곡히 걸려 있어 부처님의 세계로 들어왔음을 실감하게 된다. 예전에는 자그마한 암자가 있었다고 하는데 이제는 산뜻하게 단장된 마애불상 관리사무소가 들어서 있다. 관리사무소 마당을 지나 중생과 부처가 둘이 아닌 세계에 든다는 불이문을 통과해서 솔바람을 맞으며 오솔길을 지나면 돌계단을 만나는데 이곳을 오르면 마애삼존불을 어렵지 않게 친견할 수 있다. 때는 봄이라 건너편 상왕산에 왕벚꽃이 온통 하얀 빛으로 물들어 있다. 수려한 경치가 바라보며 도착한 이곳 마침 들어오는 밝은 빛에 노출된 마애삼존불로부터 드러나는 아름다운 백제의 미소에 숨이 멎는다.

서산 마애불은 산중턱의 암반을 깊게 깎아 기도 공간을 마련하고 햇빛이 들어오는 암벽에 삼존불형식으로 양각으로 조각한 마애불이다. 마애불을 새긴 돌은 단단한 화강암이다. 그래서 인지 기술적인 이유겠지만 깊은 돋을새김을 하지는 않은 듯하다. 그럼에도 불구하고 도드라진 입체감을 낸 것은 빛의 방향을 계산하여 조각위치를 정하면서 그 효과가 더 크도록 고려한 작가의 예술적인 노력이 있었기에 더 풍부한 볼륨감이 두드러지는 걸작이 탄생했고 지금 우리는 이 아름다운 작품을 볼 수 있는 것 아닌가?

　　삼존불을 바라보다보니 이상한 점이 발견된다. 대부분의 삼존불에서 좌우의 협시보살이 대칭적으로 배치되는 것에 비해 비대칭이라는 것이다. 게다가 기록이 없다 보니 협시보살의 도상이 명확히 규명되지 않았다 하니 호기심이 더욱 발동되었다. 자세히 단서를 찾다보니 도상이 동쪽을 향하게 배치되어 있으니 암시하는바 그렇다면 본존불은 서방 극락정토를 주관하시는 아미타불을 형상화한 것은 아닐까 추측해 보았다. 석가삼존불이라면 통상적으로 문수보살과 보현보살을 협시보살로 하고 있는데 규칙에 전혀 맞지 않는 듯하다. 그러면 좌우 협시보살에 대한 궁금점도 생긴다. 좌협시보살은 반가사유상의 형태를 띠고 있는데 대부분의 학자들이 미륵보살이라는 데에는 이견이 없는 듯하다. 우협시보살은 구슬을 들고 있어 봉보주보살로 불리는데 관세음보살이라는 설이 그 동안 유력했다고 한다. 아무튼 통상 아미타 삼존불은 관세음보살과 대세지보살을 협시보살로 하고 있는데 왜 파격이 생긴 것일까? 추론해 보자면 불교 도입 초기의 마애불상이다 보니 인도 간다라 미술이 들어오면서 그쪽의 영향을 받았거나 고대국가로 정비되기 이전의 불교가 민간

에 친근하게 다가서기 위해서 온화한 모습으로 표현했고 명확한 도상원칙이 없었기 때문인지도 모른다고 추정해 볼 수도 있겠다 싶다.

◀ 보원사지 5층 석탑
pen drawing on paper
38×28cm 보원사는 삼존불상을 관리하던 절이었으나 허물어져 터만 남고 5층 석탑만이 자리를 지키고 있다. 탑의 기단에는 사리의 수호신 아수라가 새겨져 있어 흥미롭다.

그런데 구슬을 들고 미소를 짓고 있는 봉보주 보살을 관세음보살로 봐야할 명확한 근거가 없다보니 기존 학설을 의심해 볼 필요도 있다. 만약 봉보주 보살이 제화갈라 보살이라면 본존불은 석가모니불이 되고 의심의 여지가 없는 미륵보살과 협시가 되니 삼세불 사상에 들어맞는다. 과거불, 현세불, 미래불의 모습이 되는 것이다. 명확히 규명되지 않은 풀지 못한 숙제를 반가사유상이 힌트를 주는지도 모른다. 팔 부분 양각이 살짝 파손 된 것은 아마도 발견 당시부터 그렇지 않았을까 싶은데 오랜 세월 풍파에 이만큼 이라도 보존된 것은 다행한 일이다.

그림으로 그릴 구도를 생각하면서 물끄러미 바라다보다가 특이한 점을 또 발견했다. 수직이 아닌 살짝 기울어진 채 조각되어 있어 비와 바람이 정면으로 들이치지 않게 한 점도 부식을 막아 오래 보존토록 한 우수한 과학적 고려라는 생각이 든다. 암벽을 파서 그 안쪽의 암벽에 조각된 특성상 불상 조각의 모습이 아침 점심 저녁으로 햇살의 각도가 달리 들어오게 될 수밖에 없는데 그러다 보니 부처님 상호의 음영 깊이가 빛의 각도에 따라 달라지므로 미소도 변화하는 것처럼 보이는 오묘한 아름다움이 있다. 계절별로도 미소가 다르게 보인다고 하는데 암벽의 색도 주변의 색에 따라 투영되는 색채학적 측면에서 그것도 일리 있는 말이다. 예전과 달리 보호각을 철거하여 원형 그대로를 온전히 감상 할 수 있으니 참으로 다행이었고 이를 그대로 펜화로 담을 수 있어 참으로 다행한 일이다.

사실 잘 알려진 고대 문화재라서 예전부터 잘 관리해온 걸로 알았는데 발견에 관한 일화가 있어 놀랍다. 1959년에 보원사터 유물조사 중 나뭇꾼의 답변에서 힌트를 얻어 우연히 발견되었다고 유홍준 교수의 나의 문화유산 답사기에서 읽는 바 있

다. 마애삼존불을 친견 후 약 1킬로 거리에 아직도 폐사지로 남아 있는 보원사지를 갔다. 예전에 마애삼존불과 보원사가 있었던 이 지역은 과거에 중국 간 교역을 위한 해로로 이어지는 태안반도에서 백제의 수도로 이어지는 중간 교역로로 상인들의 안녕과 번영을 기원하는 역할을 했다는 추측이 가능해진다. 보원사지를 보존하기 위해 교구본사인 수덕사 스님들이 새로 세운 보원사가 자리하고 있어 많은 분들의 노고로 문화재가 복원되고 불심이 바로 서게 되는 것이리라. 예전의 영화를 보여주듯 무심하게 벌판에 남아있는 5층 석탑이 제법 아름답다. 정림사지 5층 석탑을 닮아 꽤 안정된 형태의 석탑인데 문화재로 지정이 안 된 이유는 모르겠다. 석탑 1층부에 새겨진 부처님의 사리를 모신 석탑을 지키는 수호신으로서 아수라를 새겨 넣은 것이 이채롭다. 아직도 돋을새김이 선명하여 인상적인 탑의 모습에 감흥을 담아 펜으로 현장 스케치를 담아 보며 그 여운을 달래보았다.

펜화로 감상하고 사찰을 알아볼 수 있는
책을 만들고 싶었다.

　1권 26개 사찰에 이어 2권 27개 사찰까지 연속해서 조계종 본사 및 말사를 포함하여 53개 사찰을 취재하고 기행 하였다. 전국 방방곡곡에는 수많은 사찰과 암자가 있다. 책에 실린 작품 수 만도 1권에 70여점, 2권에 65여점으로 총 135점 가까이 된다

　오랜 세월을 간직한 역사와 멋진 풍광을 안은 사찰을 계속해서 기행하고 작품으로 남기는 작업은 계속될 것이다.　그동안 작업한 작품들은 전시회를 통하여 대중들에게 공개하는 날을 기대해 본다. 인연이 되어 시작한 사찰 전시회인 칠불사 만만전에는 3년째 참가할 예정이다.

기왕 출간할 책이라면 내용의 충실도를 기해야 한다는 압박감에 몸이 부서져라 독자의 이해를 돕기 위한 작품 컷을 추가하는데 오늘도 모든 시간을 보냈다. 그리고 이 책이 포교에 도움이 될 수 있다면 책의 수익금의 일부라도 불사하고자 한다.

1권에 이어 2권의 졸고를 마치고 나니 아쉬움이 많다. 더 많은 컷과 기행문의 심도를 높이지 못한 것 같아 부끄럽다는 생각이 밀려든다. 졸고를 마쳤지만 본 책에 아직도 담지 못한 전국의 명찰들을 더 취재하고 그림으로 담아 시간이 난다면 3편으로 찾아뵐 것을 약속하면서 또 다시 작업실로 발걸음을 재촉한다.

2023년 가을 度泫 김유식 합장

만화로 읽는 신창 ❷

2023년 11월 30일   초판 1쇄 발행

지은이   度泫 김유식
펴낸이   이규만
디자인   B&D
펴낸곳   불교시대사

출판등록   1991년 3월 20일 제300-1991-27호
주소   (우)03149 서울시 종로구 인사동 7길 12 백상빌딩 1305호
전화   02 · 730 · 2500
팩스   02 · 723 · 5961
이메일   kyoon1003@hanmail.net

ISBN 978-89-8002-185-7   04220
       978-89-8002-183-3   04220 (세트)